新昌非物质文化遗产笔记

张秋萍 著

浙江工商大学出版社
ZHEJIANG GONGSHANG UNIVERSITY PRESS
·杭州·

图书在版编目（CIP）数据

新昌非物质文化遗产笔记 / 张秋萍著. — 杭州：
浙江工商大学出版社，2021.2
ISBN 978-7-5178-4102-9

Ⅰ．①新… Ⅱ．①张… Ⅲ．①非物质文化遗产－介绍
－新昌县 Ⅳ．①K295.54

中国版本图书馆 CIP 数据核字（2020）第 169879 号

新昌非物质文化遗产笔记
XINCHANG FEI WUZHI WENHUA YICHAN BIJI

张秋萍 著

责任编辑	张晶晶	
责任校对	沈黎鹏	
封面设计	唐维哲　张瀚文	
责任印制	包建辉	
出版发行	浙江工商大学出版社	
	（杭州市教工路 198 号　邮政编码 310012）	
	（E-mail：zjgsupress@163.com）	
	（网址：http://www.zjgsupress.com）	
	电话：0571－88904980，88831806（传真）	
排　　版	杭州朝曦图文设计有限公司	
印　　刷	杭州高腾印务有限公司	
开　　本	880mm×1230mm　1/32	
印　　张	9.125	
字　　数	205 千	
版 印 次	2021 年 2 月第 1 版　2021 年 2 月第 1 次印刷	
书　　号	ISBN 978-7-5178-4102-9	
定　　价	58.00 元	

目录

第二章　用心守护

第三章　工作感悟

第四章　心海泛漪

第一章　把根留住

国家级非物质文化遗产——新昌调腔

  新昌调腔,历史悠久,被戏曲界人士喻为"中国戏曲活化石",至今约有 600 年历史,与仅拥有 200 多年历史的京剧及 100 多年历史的越剧相比,新昌调腔真可谓是"戏曲鼻祖"。它曾在明中叶盛极一时,流行于杭、嘉、湖、宁、绍、台广大地区,抗日战争后,仅在新昌一地得到保存,新昌调腔剧团故成为"天下第一团"。新昌调腔也于 2006 年 5 月被国务院列入第一批国家级非物质文化遗产代表性项目名录。从此,新昌调腔开始踏上复兴之路。

  新昌调腔传承下来的戏剧资源极为丰富。以剧目论,有北宋杂剧《目连救母》戏文,现拥两种版本,一种为"168 出"版,一种为"107 出"版,另收集得散篇 7 出;有元杂剧(北曲)剧目《北西厢》《汉宫秋》等 10 余种,宋元南戏"荆、刘、拜、琵、金、牧"等 10 余种,金院本 1—2 种;另有明、清传奇近 200 种;其他剧目 100 种左右。可惜残本较多,今后收集、整理、保护的任务还十分繁重。调腔以声腔论,主要有三大系统,一为调腔系,二为昆腔系,三为四平系;以其来源论,有五大来源,一为唐宋大曲,如"八声甘州""新水令""催柏"等;二为宋代词调,如"沁园春""浣溪沙""念奴娇"等;三为民间古调,如"胜葫芦""金钱花""倒拖舱"等;四为诸宫调,如"美中美""出队子""刮地风""石榴花"等;五为诸杂剧,如"套曲"。总计有约 360 曲,32 套。这些都是都是极为珍贵的非物质文化遗产,近几年来,剧团通过不懈的努力,现已整理成调腔剧目 435 册(出)。

新昌调腔自从入选第一批国家级非物质文化遗产名录后,得到省文化厅及县委县府的高度重视,近年来政府给予的关注及投入的资金也连年攀升。特别值得一提的是,在各级领导的共同努力下,调腔剧团里的文化体制改革也取得了成功,新昌县调腔剧团现改为新昌县调腔非遗传承发展保护中心,剧团现有在编工作人员经县文化主管部门审核后划转入该中心,编外人员按工作岗位需要择优录取。此举为濒临灭绝的新昌调腔的保护和传承工作注入无穷的活力。现在全团上下斗志昂扬,齐心协力,正在为新昌调腔的复苏奋斗着。

剧团现已排演出《闹九江》《寒江关》《挑水伯》《红神》《目连戏韵》《定天山》《白兔记》《乱云飞》《北西厢·游寺》《北西厢·请生》《天雷报》《程婴救孤》《封神榜》《甄清官》等,参加各种戏曲展演,共获得国家级奖项 2 个、省级奖项 4 个、市级奖项 4 个,其中《挑水伯》在杭州胜利剧院参加浙江省第十届戏剧节会演,荣获剧目大奖、导演奖、作曲奖、优秀演员奖,还赴四川成都参加联合国教科文组织举办的非遗节展演。2011 年,调腔剧团配合县政府加强党风廉政建设这项中心工作,花大力气创排了大型调腔廉政戏《甄清官》,该剧围绕"为官清廉、亲民爱民"主题,将明代新昌本土清官甄完一心为民、一身正气的为官之道演绎得淋漓尽致,感人肺腑。《甄清官》创排成功以后,就开始巡演。先去绍兴,再赴杭州,2011 年年底还进京演出,反响热烈,好评如潮。2012 年文化遗产日期间,又在全县展开巡演,深受老百姓的欢迎。

调腔要生存和发展,关键要演员的代代相传。继 1987 年办班后,已有 20 年未曾办培训班了,剧团处于青黄不接的局面。在新昌县委、县政府的高度重视下,2007 年,剧团从全县各地招收了 34 个 13—15 岁的小学员,办了五年制的调腔中专班,由国家级非遗传承人章华琴老师和省级非遗传承人吕月明老师等担任教员,手把手耐心向小学员们倾囊传授调腔技艺。通过五年的学习,小学员们已较熟练地掌握了各种调腔艺术,参加省市各级各类的比赛或演出,均反响良好。新鲜血液的及时渗透,使调腔古树发新芽,焕发勃勃生机。

近来,应香港中国文化推进会的邀请,剧团老中青三代都在努力排戏,准备于 2013 年 6—7 月间赴香港参加中国第四届戏曲节,折子戏《入梦》《闹判》《北西厢·游寺》《北西厢·请生》等都是参演剧目。

(刊登于 2013 年 1 月 15 日《今日新昌》)

国家级非物质文化遗产——新昌越剧

　　越剧是最江南的,有江南的暖,有江南的灵,雨丝风片,小桥流水,一开腔都能拧出氤氲的水汽来。明月清风夜,清悠婉丽的曲调绕过粉墙黛瓦,依依诺诺地盘覆在戏台上空,经久不散……那场景、那意蕴催生着许多江南游子梦萦魂牵的思乡情。

　　上海、浙江的越剧被列入第一批国家级非物质文化遗产代表性名录,而新昌作为越剧的发源地之一,人才辈出,越剧历史悠久。清朝咸丰年间(1851—1861),新昌有众多民间艺人,用"落地唱书调"在城乡走村串户,传唱故事趣闻。此"唱书调"后逐渐发展成"吟嘎调",后形成男子"的笃班",这就是越剧的雏形。的笃班演员大多是各地的风车匠、棕棚匠和村里的农民,当时全县共有 20 余个"的笃班",足迹遍布全县各地。民国十年(1921),梁家井村艺人潘洪涛开始招收女学徒,著名越剧表演艺术家尹桂芳,曾受其启蒙。民国十七年(1928),城关旧东门陈洪明创办了第一个女科班,女科班师成后,成长为一批文武兼备的新秀,开始在戏曲舞台上崭露头角。民国二十九年(1940)左右,全县越剧女班发展到 60 余个。这些女子越剧科班,既演文戏,也演武戏,在县内 827 座戏台上频频演出,盛况空前。

　　民国十九年(1930),女子越剧团开始搭班进入绍兴、杭州,随后就登上十里洋场的上海戏曲舞台,与嵊州同行紧密合作,开始在上海滩走红。当年活跃在上海舞台的新昌越剧名伶有有

"越剧皇后"之誉的旦角王杏花、尹派小生艺术创始人、被越剧观众投票选举为"越剧皇帝"的尹桂芳等。

新昌越剧艺人大多出身于贫苦人家,即使在战火纷飞的苦难年代,依旧能让越剧事业发扬光大。中华人民共和国成立后,新昌的越剧事业因得到政府的扶持而突飞猛进,当年在苏、浙、沪一带流行"哪里有越剧团,哪里就有新昌人"的说法,正反映了20世纪50年代新昌越剧界的盛况,一大批优秀演员沿着先辈们开凿出来的艺术道路,在各大中城市的越剧团担当顶梁柱,为我们新昌人争光。

1949年12月,新昌县文化馆组织返乡艺人成立县剧团,在城隍庙开办戏馆,当时剧团阵容相当整齐。1950年春,省内外各地竞相组织基本越剧团,派员来新昌招聘演奏员,剧团里的各名角被上海、杭州、宁波、温州等大中城市的剧团聘走,故新昌县的基本越剧团解体。

1951年3月,县人民文化馆正馆长吕家正和副馆长王以强根据新昌优势,以民间女子越剧戏班"天新舞台"为基础,再度建立"姐妹班"性质的新昌县群力越剧团。剧团以一出新剧《皇帝与妓女》参加绍兴地区首届戏曲大会演并获奖。获奖后,经绍兴专署批准,剧团改为集体性质的新昌县越剧实验剧团。1955年,实验剧团更名为新昌县越剧团,成为县属艺术团体。1958年10月,新昌与嵊州(当时称嵊县)合并,原新昌越剧团改称嵊县越剧一团。1961年11月,新昌恢复县制,原新昌越剧团奉调宁波,成为宁波专区越剧团。故新昌县政府重新以原来新昌籍青年演员为基础,充实戏校部分学员,成立了一个全团平均年龄为17周岁的"新昌县越剧团",剧团改编和排演出《谢瑶环》《王昭君》《杨乃武与小白菜》等剧目26个,出县至宁波、绍兴、杭州、台州等地巡回演出,广受好评,并荣获"五好剧团"的称号。但好景不长,"文化大革命"期间,越剧遭厄运,剧团被撤,留下的少数人与调腔剧团合并,组成"新昌县毛泽东思想文艺宣传队"。

直到 1978 年,新昌越剧才拨开乌云,重见青天,新昌县越剧团得以恢复,并迎来了发扬光大的大好发展时机,当时的新昌越剧团也被杭州、上海等地的领导和戏剧界同仁共誉为"团风好、路子正,既出人、又出戏的来自越剧故乡的好剧团"。

(刊登于 2013 年 9 月 17 日《今日新昌》)

国家级非物质文化遗产——目连戏

何谓"目连戏"？目连戏是中国最具代表性、影响最深远的佛教宗教剧,其历史悠久,流布广泛,是中国戏曲史上第一个有证可考的剧目,被戏曲界誉为中国戏曲史上的"活化石"。

目连,又名目犍连、摩诃目犍连,是释迦牟尼十大弟子之一。目连是梵文,意译为"采菽氏",是一种姓氏,其先人修道采菽而食,故名。远古时代,人类的意识活动还不能认识客观世界和人类自身的奥秘,也不能解释精神和物质、思维与存在的关系问题,于是就产生了鬼神观念。目连戏的出演与民间对鬼神的信仰密切相关,百姓更看重的是目连戏的宗教价值和功能,笃信目连戏能驱鬼逐疫,故目连戏一直深受老百姓的喜爱。

目连戏是一台表演以佛教经典中"目连救母故事"为题材的大戏,其间穿插滑稽、相扑、叠罗汉、武术、莲花落、佛事、道场、杂耍等"百戏",目连戏的内容崇佛向善、崇德尊孝,用戏曲的方式描述神、鬼、人在天堂、地狱、人世的游走情况,在宣扬佛教的同时,又融合了道家、儒家思想,有利于整肃宫廷、淳化民风。因此,执政者及基层民间组织都很重视目连戏的编演与传播。

目连戏常在农历七月十五日上演,被称为鬼戏。因为农历七月十五是佛教、道教中与地狱、鬼魂有关的一个特殊日子。目连戏中有许多宗教和鬼神的内容,逐渐被民间用于祈福消灾、驱鬼逐疫等各种场合,成为渲染节日庆典的宗教气氛、凸显宗教超度内容的重要仪式。目连戏的观众不仅仅局限于老百姓,众多名家也很推崇:明代大理学家王阳明称之"词华不及《西厢》丽,更比《西厢》孝义全"。鲁迅先生也曾高度评价那些撷取民间社会情态的枝节性穿插表演,说"这是真的农民和手工业人的作品,由他们闲中表演"。作家郑振铎在《插图本中国文学史》中称目连戏为"出之以宗教的热诚,充满了恳挚的殉教的高贵精神"之"伟大的宗教剧"。

目连戏有着浓郁的地域特色,民俗宗教文化色彩鲜明,所以在素有"佛宗道源"之称的新昌,目连戏拥有广泛的群众信仰基础。2006年,新昌目连戏会同绍兴、上虞、嵊州等地的目连戏,打包统称为绍兴目连戏联合申遗。2007年6月,绍兴目连戏被省人民政府列入浙江省第二批非物质文化遗产名录。

新昌的目连戏曾经风靡一时,譬如在民国时期及20世纪50年代,当时,新昌城乡在农历七月半都要举办盂兰盆会。此前几日,寺庙里的和尚们开始拜忏,众道士在街上或村口搭台"做道场",超度亡灵。晚上就在庙里或郊野搭台做目连戏。各地有田产的寺庙、有钱人家也乐于赞助,当事人将赞助者姓名、金额写成黄榜,和冥钱一起焚化,一求平安吉庆,二欲告慰亡灵,三劝为人向善。新昌民间还有目连戏班,较有名气的有县城东门头、前良、彭里湾、兰洲、藕岸、后溪、胡卜、山背(今大市聚)、雅里、上下宅村、下潘、梅渚等地的民间班社。新昌县城也有戏班,扮演无常的"青云道人",骂狗能一口气骂出72种,被当时县城百姓称为"绝活"。陈洪明于1928年创办的新昌女子越剧科班"小歌班",文武兼工,能演《男吊》等有难度的武功戏,回山调腔旦角杨子和,脚上有翘功,演《女吊》时虽勾了一张要复仇带怒气的脸,可走起台步来身轻如燕,唱起腔来凄厉悲切而催人泪下。

可惜随着"破四旧"运动在全县开展,目连戏自然被当作封建糟粕给破掉了,故几十年来,目连戏也只能留在人们的记忆中。

俗话说得好,凡事都是"三十年河东,三十年河西",中共十一届三中全会后,改革开放之春风吹遍大江南北,尘封多年的目连戏终于重见天日。自 20 世纪 80 年代起,新昌调腔剧团担起了保护及传承目连戏的重任:一是组织人员到胡卜、前良、后溪等地走访目连戏老艺人,搜集资料;二是组织排练演唱,请老艺人到剧团录音,保存目连戏的唱腔;三是排演精彩目连戏剧目参演;四是积极培养目连戏传承人等。为了保护这一濒临灭绝的剧种,调腔剧团做了大量工作,也取得了一定的成绩:1991 年 9 月至 10 月,应中国首届民族文化博览会组委会的邀请,新昌调腔剧团赴北京参加"百戏长廊稀有剧种"展演,主演调腔《北西厢》的同时,串演目连戏的精彩剧目《白神》《送夜头》《女吊》《男吊》等,广受好评,剧团因此获得了中国首届民族文化博览会稀有剧种特别演出奖。1992 年 10 月,剧团携目连戏《白神》赴上海参加"中国戏曲博览会展演",演出剧照及介绍被中国香港《大公报》刊登。2006 年 11 月,剧团携《调无常》《女吊》《男吊》等目连戏剧目赴温州参加浙江省群星小戏曲会演,获展演金奖。2009 年 10 月 26 日晚,在庆祝新昌县调腔剧团成立 50 周年的庆典上,新编调腔目连戏《红神》举行了首演。此剧根据石永彬同名调腔改编,将目连戏中人们耳熟能详的《男吊》《女吊》《无常》和其他故事重新连接,用开放式手法表现人间地府情况,以风趣滑稽的轻喜剧样式倾情演绎。应香港中国文化推进会的邀请,2013 年夏天,剧团将赴中国香港参加第四届戏曲节,《调无常》

《女吊》《男吊》等目连戏剧目都是组委会极力要求参演的首选剧目。

 （刊登于 2013 年 3 月 12 日《今日新昌》）

省级非物质文化遗产项目——刘阮传说

　　江南本来就是一方适宜孕育爱情的土壤。

　　斜风细雨里勾勒出的景致隐在层层柳絮和淡淡烟岚里,在这诗意朦胧的景色中,多少委婉凄美的关于爱的故事一直在传说着,如一条自远古流来的涓涓细流,无声胜有声地滋润着世人爱的心田,千百年来绵延不绝。

　　但随着经济社会的快速发展,生活节奏日益加快,过着速食生活的现代人,潜意识里开始将爱情当作交易,太计较爱的付出与回报,也太在意爱的时效性。对于爱情,竟也开始了猜疑、试探,不想先付诸真心,却又觊觎爱情的旖旎,这也许都来源于我们日益扩大的"安全感黑洞"。快速的生活让我们没有时间去慢慢煮一壶"爱之咖啡",还大声呼喊"我再也不相信爱情了"。可当我们越是否定真爱的存在,内心却越是渴望。于是"白蛇的传说""梁祝的故事"等那些被我们遗忘的美丽传说焕发了新的光彩,用它们的光明为我们指出了一条荒废已久的古道。

　　我们新昌民间也一直流传着一个美丽的爱情传说——刘阮传说,又名刘阮遇仙故事。此传说已于 2012 年 7 月被省人民政府公布为浙江省第四批非物质文化遗产项目,隶属非遗项目中民间文学一类。但即使是土生土长的新昌人,似乎也很少知道"刘阮遇仙"这个传说,所以,笔者就很有必要向大家介绍一下这个故事了。

刘阮传说发生在东汉永平五年(62),距今已有近 2000 年历史,流传于剡县(包括新昌和嵊州)和天台等地。据说刘晨、阮肇入天台采药,山高路远,一时难以回家,就这样风餐露宿地度过了 13 天。饿了,就摘山上的桃子吃;渴了,就喝山泉水。下山时途经一大溪,看见溪边有两位绝色姑娘,见刘、阮二人拿着喝山泉水的杯子,便笑着跟他们打招呼,竟然还直唤刘晨、阮肇二人姓名。刘、阮二人大吃一惊,从来都没见过的两位姑娘怎么能叫出他俩名字,好像认识他们一样,竟还问他俩:"来何晚也?"后因两姑娘的盛情邀请,刘、阮两人就随她们回家。到了姑娘家后,刘、阮二人发现她们家南、东二壁各有绛罗帐,帐角悬铃,上有金银交错,并各有数名侍婢服侍,还拿出胡麻饭、山羊脯、牛肉等美食款待他俩。显而易见,两位姑娘出身富庶人家。他们吃完美食,再饮美酒。更有侍女手拿桃子,笑曰:"贺汝婿来!"就这样,刘、阮二人过了 10 天神仙般的日子后,便想辞别回家。结果还是被苦留半年。半年后,春暖花开,百鸟啼鸣,思乡情绪更浓。女主人们也善解人意,指点归途,送他们回家。回家后竟发现物是人非,乡邑零落,子孙已过七代。后来他们重入天台山访女,未果,遂留下千年的惆怅,化作溪水涓涓流淌。

刘阮传说相传发生在新昌(古称剡中)的刘门山,不少学者对此曾细加考证,予以确认。

溯"惆怅溪"而上,经桃墅坞,过"迎仙桥"(省重点文物保护单位),沿古驿道直至刘门坞。坞在浓荫掩映中,坞前有阮公坛、迎仙阁(今废),沿刘、阮之采药径盘曲而上即至刘门山,有后人纪念刘、阮遇仙女之"刘阮庙"(即《嘉泰会稽志》所记之"刘阮祠"),近千年来屡毁屡建,迄今尚存。由刘阮庙斜穿山腹至枫香岭,攀缘而上即至仙人洞(即刘、阮与仙女所居处),旁有仙女弈棋石等,均为刘、阮和仙女之遗迹。

(刊登于 2013 年 2 月 19 日《今日新昌》)

省级非物质文化遗产项目——小京生炒制技艺

　　在社会发展和历史进步的过程中,人类创造了丰富的文化遗产。这些文化遗产包括物质文化遗产,也包括非物质文化遗产。他们都是人类创造力、想象力、智慧和劳动的结晶,是人类文化多样性的生动展示。而与物质文化遗产相比,非物质文化遗产是一种包含了更多随时代迁延而容易湮没的文化记忆,故更应加以珍视。

　　新昌的非物质文化遗产资源丰富,种类齐全,民间文学、传统戏剧、传统音乐、传统舞蹈、传统美术、传统技艺、传统医药、民俗等组成了清新又独特的新昌非遗景象。2012 年 7 月,浙江省人民政府公布了第四批浙江省非物质文化遗产名录,我县有三个非遗项目榜上有名,其中之一就是传统技艺——小京生炒制技艺。

　　小京生,俗称小红毛花生,在新昌可谓家喻户晓,是我县传统的地方优良品种,种植历史较久,品质特佳。新昌小京生果形美观,多用来炒食,香酥甜醇,风味特佳。同时也可以加工成多种食品,营养丰富。经测定,小京生花生仁蛋白质含量 27％,脂肪含量 48％,营养价值比鸡蛋、牛奶还高。"常吃小京生,胜过滋补品;吃了小京生,天天不想荤"是新昌农村的一种流行说法。小京生花生还具有保健作用和药用价值,能悦脾和胃,润肺化痰,滋补调气;经常食用对动脉硬化和冠心病有一定的预防和治疗作用,还能提高青少年的记忆力,并具有延年益寿之功效,故有"长生果"之美称。

改革开放以来,新昌县的经济社会发展势头迅猛,城乡面貌日新月异,小小的"小京生"也在其中扮演了分量不轻的角色,在全县农民脱贫致富奔小康的道路上立下了汗马功劳。如今,小京生的种植、加工、销售已成了一条产业链,在拉动新昌农村经济快速稳定地向前发展。在这条现代产业链中的任何一个环节,似乎没有我们非物质文化遗产的元素,但其实,小京生的传统手工炒制技艺,却是不折不扣的非遗项目。以前,每逢年过节,或者家里来了亲朋好友,热情好客的新昌人总会拿出家里种的或买的小京生,生火热锅,手工炒制,这就用到了我们的省级非遗项目——小京生炒制技艺。

一直在我们新昌民间传承的传统的新昌小京生炒制技艺是这样的:先从水极清的江河里淘足米粒般大小的细沙,晒干后备用。炒制小京生时,先把锅烧热,再放进晒干后的清水沙,把沙炒热至微烫手,再把晒干的生的花生倒进炒热的沙里,用铁铲从锅的中心向两边反复翻炒,尽量让花生不碰到锅面,用热沙的温度把小京生炒熟,炒制小京生至八成熟了,就可以出锅等待冷却,冷毕,即可食。当然,在我县农村个别地方,譬如外婆坑村,老百姓是用盐拌花生在锅里炒的。这种传统的小京生炒制技艺现在用的很少了,大家为了图方便,就直接从店里买现成炒熟并已经包装好了的小京生。因为小京生销量大,一般都是用机器炒了。而在以前,每当过节前夕,或家里要办喜事或来客人了等,女主人一般都会用传统的技艺炒花生,款待客人。那种花生拌沙在锅里炒时发出的沙沙声,虽然听着觉得刺耳,但却是伴随我们这些土生土长的新昌人长大的温

馨"乡音"。

                    （刊登于 2013 年 1 月 29 日《今日新昌》）

省级非物质文化遗产项目——传统砖瓦制作技艺

　　杏花烟雨,粉墙黛瓦,自古就是典型的江南景致,一直为古今无数文人墨客迷恋和吟诵。玲珑别致、韵味独特的江南古建筑不仅点缀了旖旎的江南自然美景,更是灿烂中华古代文化艺术中具有独特魅力的代表作之一,是中国古代文化的标志和象征,它凝聚着中国古代各阶层人民的智慧和才能。无论个体建筑还是群体建筑,都是一个历史时期政治、经济、文化等的综合产物,是自然科学与人文科学的完美结合。

　　江南古建筑用的砖瓦、砖雕也自成一派,具有独特的区域文化特色。它具有两种基本特征:一是古建筑砖瓦保存得较完整,二是文化传统的相对独立性。从审美文化的角度看,江南文化的本质是一种诗性文化。也正是在诗性与审美的环节上,江南文化才显示出它对儒家人文观念的一种重要超越。由于诗性与审美内涵直接代表着个体生命在更高层次上自我实现的需要,所以说人文精神发生最早、积淀最深厚的中国文化,是在江南文化中实现了它在逻辑上的最高环节,并在现实中获得了较为全面的发展。在中国传统的建筑中,各种匠心独运的建筑装饰是建筑的看点,砖雕是主要的建筑装饰形式之一。这种装饰表面看起来显得较为繁杂,但实质上仍然体现了“文”“质”和谐的境界。砖雕作为建筑的“文”之一,以其精美的外在形式、丰富的内在意蕴,恰到好处地展现了传统建筑的艺术美。同时,砖雕作为一种有实用功能的建筑构件,延伸了建筑的"质"。砖雕还是先人们巧妙利用大自然进行造物的成功案例。它在不经意间暗合了"金木水火土"相生相克之道:取材于自然界唾手可得之"土"与"水"之相合,成为泥筋,再以"木"生"火",烧制成坯,借"金"之力,雕凿成花,完成了"五行相合"的历程,最后镶嵌于建筑之上。江南古建筑中的砖瓦、砖雕延续了古文化的精髓,呈现出秀丽雅致、精巧细腻的特点。无论是在门楼、门窗、窗罩,还是明墙、后壁都可觅到古朴优美的砖瓦和砖雕构件,充分展现了古代建筑砖瓦制品在实用价值和审美价值的和谐统一,较好地体现了民间工匠们的独特智慧、高超技能。尤其以烧制技艺烦琐的金砖和用于艺术鉴赏的砖雕为首,它们把建筑整体风格衬托得空灵巧妙,它们使古风神韵的丰姿保存了上千年之久,对于历史考证、文物鉴赏起到了关键作用。

我们新昌自古就是一块充满诗意、人杰地灵的地方,千百年来,民间就萌发并传承了江南古建筑砖瓦和砖雕的制作技艺,即传统砖瓦制作技艺,并一直得到了较为完整地保护与传承,此项传统技艺已于2012年7月入选浙江省第四批非物质文化遗产名录。以此非遗项目为依托,在羽林街道央于村一带已有天功坊砖瓦有限公司等多家传统砖瓦制作企业,古老的技艺依旧在现代新昌农民致富奔小康的路上发挥着重要的作用。

传统砖瓦是经过复杂的工艺流程制作而成的,首先根据图案,做出对应的模具;其次将泥料制成胚胎,放入窑中烧数天,窨水冷却后方可出窑。虽然瓦基本上做成了,但这只是一般的初加工,若要细加工,还要进行做旧处理,主要对雕刻部位进行磨光打细,使其更加具有保存价值。而方砖经过选泥、炼泥、制坯、装窑、窨水、出窑、打磨等工序后做出来,其具有的保存价值将不言而喻。这样制作精良、外形美观的砖瓦的问世,是高压强权统治下劳动人民求得生存的产物,但它的延续,却是中华民族一种传统文化的传承。砖雕紧密结合了建筑构架的原则和各种构架的造型,巧妙布局,精心雕琢,赋予建筑材料灵动的生命,以不同的题材、造型、功能诠释着中国传统文化,使之得以流传千百年还能供后人欣赏和瞻仰。

但随着社会经济的快速发展,人口的急剧增加,传统的居住结构和模式也发生了巨大的变化,公寓式等新型建筑已经代替传统建筑,所以古建筑砖瓦和砖雕的使用量大为缩减。砖瓦和砖雕制作是高技艺的复杂体力劳动,存在着制作原料特殊、土质要求极高、炼制工艺严格而烦琐、生产周期长、劳动投入大等实际问题。而许多砖雕艺人大都不愿终年从事该项工作。一些砖雕艺人纷纷改行,另谋出路,尤其是年轻人更不愿去学习和传承,致使砖雕的制作技艺逐渐萎缩并濒临失传。因此,此项古老的传统技艺如不加以妥善保护和扶植,以后我们只能从古建筑中找寻它的遗容了。

(刊登于 2013 年 2 月 5 日《今日新昌》)

省级非物质文化遗产——新昌十番

　　常闻圣人以雅士居,高贵者善抚琴,琴声雅韵不仅能使心灵和宇宙净化,更能使其深化,使人在超脱的胸襟里体味到宇宙的深邃。远在春秋战国时期,我们的孔圣人就酷爱弹琴,而伯牙和钟子期挥手拨弦,一曲《高山》合和一弦《流水》,印证旷世知音,成就一段流传千古的佳话。自此以后,音乐就成了高雅脱俗的代名词。

　　可这个历经千年的文化传统在我们新昌却被改写了,有一群终生与泥土打交道的新昌农民会把玩音乐,而且此乐原属宫廷音乐,名叫"十番"。

　　十番为传统古典民乐合奏,原属宫廷音乐。元代始于京、津一带,明清盛行于江、浙,是深受民众喜爱的传统文化遗产之一。

　　新昌十番的出现,可上溯到元大德三年(1299)。当时新昌石氏第四十五世祖石奕朝,在沃洲山开山建石真人庙(清改称真君殿)。每年一度的真君殿庙会就有十番演出,代代相传,至清道光年间,由黄坛石氏后裔石益铭组建了黄坛"圣莞十番"。

　　据南朝石氏宗谱记载:益铭字经焕,号介山,又称笑农先生,生于1808年卒于1872年。是当时有名的文人雅士之一,年轻时常经商于苏杭一带。先生目睹家乡的年轻后生们沉迷于鸦片,因此痛心疾首,一心想挽救这批沦落子弟,却苦于一直想不出好办法。其间,先生恰好偶遇一位从宫廷沦落江湖的歌姬。

歌姬善琴艺，精音律。于是先生请歌姬为师，尊为上宾，并请她组建一支十番演奏队，起名"圣莞十番"，由她调教那批原已染上恶习、游手好闲的黄坛子弟，希望他们从此走上正道。十番演奏队组建成功后，黄坛村随时可闻丝竹之声，文明也因此而生矣。

"圣莞"取于论语中"子之武城，闻弦歌之声，夫子莞尔而笑"一语。意思是孔夫子听了十番演奏也会频频点头，为之莞尔一笑。

"圣莞十番"演奏可分两种形式和两种姿势。形式分"混十番"和"清十番"。"混十番"全团20余人一齐合奏，"清十番"去除横笛、龙管、十星，改为轻音乐器演奏，韵味更为雅致。姿势分坐姿和行姿，上舞台或在庭院多采用坐姿，庙会、排街多为行姿。一边行走，一边演奏，风格各有千秋。

十番全曲由8支曲牌组成：《引子》《尾犯序》《刮古令》《玉芙蓉》《朝天子》《小六字》《锦绣球》《尾声》。古代流传的乐谱都为工尺谱，拗口难念，1978年经马士敏先生翻成简谱，后又经"十番"传承人石菊林多次校正，曲谱比较成熟，锣鼓经也比较直观，有利于学员接受。

十番全曲先中板起鼓，转慢板又转快板，再转慢板结尾，布局合理，顿挫抑扬有序，旋律优美动听。演奏时要求全团人员整齐划一，前六档与后六档融洽得当。行姿演奏时待引子结束后，再缓步而行。曲子根据场合需要可翻覆演奏。

十番乐器配伍分两大类：一为打击乐，由斗鼓、彭鼓、鱼板、双星、朴钹、叫锣6大件组成，俗称前六档。二为管弦乐，由二支横笛、一对洞箫、龙管、凤笙、二胡、中胡、碗胡、四胡、扬琴、十星、琵琶、三弦、银筝等组合，俗称后六档。全乐队约20人。服饰原头戴铜盘帽，身着长衫，现以唐装形式出现。

旧时演奏乐器都作披红挂彩,以增加喜庆气氛,龙管安装龙头并配上闪光电珠,让人感受更多乐趣。

"十番"旨在修身养性,增强人们的文化艺术和品德修养,教育十番子弟做人要有章有节,循规蹈矩,在演奏十番乐章时也规定不许乱加花点,要有板有眼,整齐划一。几经轮回,至中华人民共和国成立初期,"圣莞十番"已传到第四代人手中,当时以黄坛文人马士敏、上官保康、范文招、范雪生、石晋泰、石升泰为代表的20来人组成队伍,演技已达到一定水准,在新昌几支十番队伍中成为佼佼者。1953年和1957年曾两度参加县文艺会演。北京观摩团与十番人员拍照留念,并在《光明日报》发表了通讯报道。

1978年,因筑长诏水库,作为库区的黄坛需移民,十番人员就星散四乡。中共十一届三中全会后,政府采取了一系列政策。1978年秋,县文化部门邀请散居各地的十番人员城里聚会,提供条件,叫他们回忆曲谱,集中操练,以做抢救式的录音(具体组织者是马士敏先生)。可喜的是县文化部门为他们留下了一张宝贵的照片,为历史留下了可贵的瞬间。

岁月如流,老一辈的十番人员一个又一个离我们而去,十番面临灭绝困境。石益铭先生的第五代孙石菊林,义无反顾又挑起了抢救十番的重任,个人投资近万元,购置乐器道具,他的行为感动了尚健在的八位老艺人,他们动员了后起之秀。在2007年1月重新组建十番队伍,在老艺人的协助下,古曲十番原汁原味地又一次响起。同年5月5日和12月9日又在梅渚镇波尔农庄两次集中排练,录音录像,制作成光盘,送出上百张光盘,深深打动了周围群众,令人赞叹不已。

由于原黄坛十番人员大部分已移居梅渚镇,几次十番活动引起梅渚镇党委政府的重视,镇政府出资为十番人员添制服装,助其参加梅渚镇首届农民文化节演出。十番人员代表梅渚镇参加县首届农民文化节闭幕式,在演出中获二等奖,为梅渚镇争得荣誉。如今,新昌十番已经被浙江省人民政府列入第五批省级非物质文化遗产名录。

"十番"的保护和传承既丰富了农民文化生活,又营造了社会的和谐气氛。特具昆腔韵味的十番曲调,能被终日面朝黄土背朝天的农民演奏出如此水准,实属不易,其格调唤起了老百姓的审美情趣,艺术在农人群体中又一次得到展现。

(刊登于 2013 年 6 月 25 日《今日新昌》)

市级非物质文化遗产——布袋木偶

　　小小木偶虽然看似无血无肉，但经过东茗乡后岱山村木偶艺人的巧手拨弄，却把各种戏剧人物表现得活灵活现、形神兼备，其高妙之处着实令人拍案称绝。布袋木偶表演艺术是流传在东茗乡后岱山村的一项市级非物质文化遗产，她以自身独特的艺术形式和无穷魅力，点缀着东茗乡农村多姿多彩的生活，成为青山绿水间一道亮丽的风景。

　　布袋木偶戏距今已有 100 多年历史，是后岱山村民喜爱的一种民间表演艺术。根据东茗乡后岱山村民间老艺人王志求（1928—2011）介绍：民国初年，东茗乡里白岩村民间艺人吕木火学成布袋木偶表演技艺后，带领儿子吕庆南及同乡人吕宏波、吕根标、王志求、王相如、赵洽波等六七人结社行艺，表演布袋木偶，红极一时。三年困难时期，剧团解体、演员分流，布袋木偶表演艺术从此销声匿迹。2006 年，东茗乡人民政府对消失了 40 多年的布袋木偶表演进行了抢救性挖掘整理。

　　为使"布袋木偶"这一民间艺术能得到保护和传承，市级"布袋木偶"传承人王秋芹拜村里唯一的老艺人王志求为师，正式开始从事布袋木偶表演。她亲自动手制作木偶头、戏台和木偶服装，并协助唯一的老艺人王志求完成了表演，使布袋木偶成功列入新昌县和绍兴市非物质文化遗产名录。2011 年 6 月，老艺人王志求去世，保护和传承布袋木偶的重担全部落在了王秋芹的肩上。现在王秋芹正组织村里一些年轻文艺爱好者学习布袋木偶表演技艺,努力使布袋木偶表演这一独特的民间艺术得到更好的传承和发展。2007年9月,布袋木偶《斩经堂》在东茗乡首届农民文化节文艺晚会上首次亮相,表演效果很好。2008年,布袋木偶被拍成纪录片在绍兴卫视《纪录绍兴》栏目播出。2011年11月13日,剧团应邀参加绍兴市第三届鲁迅文化艺术节,深受绍兴观众喜爱。为了让传统文化助推廉政建设,2013年年初,布袋木偶剧团创排了廉政剧《清风岭》,并于3月4日晚,在东茗乡上来村拉开了全乡巡回演出的帷幕。

布袋木偶的演出舞台别具一格,戏台是用木板雕装成办公桌大小,装饰成飞檐翘角、雕梁画栋、金碧辉煌的仿古建筑,舞台可拆卸,便于携带搬运。布袋木偶表演的主要道具就是木偶。木偶长约30厘米,头像以木雕或泥塑成各种行当脸部轮廓,再绘成不同脸谱,配上与角色相应的各式服装,眼睑、嘴唇能开合翕张。整台演出只需要五六个人。前台演员两人,身兼数职,集演员、角色、木偶操作于一体,演出时用手腕、手指直接操纵木偶模仿戏剧表演程式,角色动作简洁而明快,逼真而夸张。乐队伴奏仅三四人,其中打击乐器由一人手脚并用独揽操纵,念白、丝竹再两人。声腔系统为新嵊乱弹,接近绍剧曲牌"二凡""流水""三五七",部分剧目采用新昌调腔。

布袋木偶表演具有以下几个特点:一是虚拟性,要在无台板的戏台上,表演出有台板的模样;二是模拟性,按剧中角色行当,一人模拟多人的唱腔及身段台步;三是技巧性,在半平方米左右的有限空间中,主演凭大、中、食三指直接操纵木偶,并熟练运用道具;四为灵活性,前后场,甚至前场和前场之间,后场和后场之间,角色可灵活转换;五是方便性,演出场地不受限制,可在舞台上演,也可在庭院、台门里演,既可在过年过节喜庆时演,也可在闲暇空余时候演。

如今,布袋木偶戏已经成为东茗乡的一个文化品牌。在社会主义新农村建设背景下,多创作一些农村题材的新木偶戏,不断满足人民群众日益增长的精神文化需求,成为布袋木偶戏继续展翅飞翔不可或缺的羽翼。

(刊登于 2013 年 7 月 23 日《今日新昌》)

市级非物质文化遗产——丁家坞马灯

　　人们对非物质文化遗产的了解和喜爱，往往始于儿时的经历与感知，因为人一出生就生活在传统文化的氛围中了。生活在乡村的自不必说，即使生活在城市的，长辈们往往有意无意地将故乡的风物习俗带到城市，使孩子幼小的心灵飘荡着故乡泥土的芳香，延续着田园生活的温馨和从容。随着年龄与阅历的增长，人们越来越感悟到：一个人走得再远，也不可能走出心灵深处的"故乡"，那是涵养情感、孕育人文情怀的精神家园。

　　新昌是我们的故乡，这方山清水秀的空间孕育和积淀了许多特色鲜明、灿烂无比的非物质文化遗产，那是老祖宗留给我们的珍贵纪念，这些文化遗产虽历经沧桑，却依旧能绵延千年，长盛不衰，那是我们世世代代的新昌人赖以生存的精神家园，是任何外来力量都无法摧毁的生命纽带。

　　我们新昌虽然是山区小县，但非物质文化遗产资源却极为丰富，即使一个处在深山中的小山村也有其独特的文化遗产。譬如城南乡丁家坞村就有一项市级非物质文化遗产，那是民间舞蹈"马灯"。"马灯"又称"舞马"，为灯具舞。此舞历史悠久，相传始于南宋末年：朝廷有位丁姓兵部尚书，为人刚正不阿，憎恶奸佞。他因触犯皇帝而遭贬，举家逃到新昌县小将镇南洲村，其后人又于元代迁移到城南乡丁家坞村。据传，他一手创编了舞蹈"马灯"的乐调，还组织了"马灯"队，赴四村八乡表演。"马灯"

的主人公选集了汉、三国、宋各代忠良以示歌颂,并将卖国求荣的毛延寿作为奸佞代表严加贬斥,人物形象有正有反,爱憎分明,受到老百姓的欢迎。因而历经元、明、清、民国代代相传,至今未绝。1985年被编入《中国民族民间舞蹈集成·浙江省绍兴卷》。

马队扮演者为15岁以下少年,农闲练习,新春(正月初一至正月十八)赴附近乡村巡演,年年如此。1958年后被禁演,1963年,以丁家坞村村民丁全昌、丁洪昌两人为首,再组建马队授艺,并请学校老师改写马歌,内容参照时代背景,很有与时俱进的时代特色。"文革"期间曾停演。20世纪80年代初,丁洪昌和丁焕仁(丁全昌之子)带头复兴马队,曾多次参加县、市演出,广受好评。授艺人丁洪昌(1947年生,已故)也以"著名艺人"称号被市文化局登记入册。

马灯又称调马,表演在锣鼓和唢呐交响的"骑马调"中开始。表演者分为马群甲、乙二组,马夫甲、乙各领一组,旗牌手四人分二行,双手将旗牌擎于胸前,在音乐声中率先上场,马夫甲、乙,穿黑打衣,头包红巾布,脚穿黑色平底靴,以两个小翻斗率先上场。随后是马群甲、乙两组分别亮相:甲组依次为王昭君、双阳公主、关羽、诸葛亮、赵云等;乙组依次为单阳公主、刘备、张飞、狄青、毛延寿等。个个匹配马灯,似骑马状,表演者跃马扬鞭,平步行走,时缓时急。唯毛延寿花脸谱,表演各种丑态。旗牌手率领二组在音乐伴奏中边唱边串阵表演,队形转换多变,有"香烟曲""元宝阵""剪刀阵""绕四角""破十门""里盘龙""外盘龙""踏五方""转三角"等。伴唱为马灯调,歌词有《天下歌》《十香袋》《十妆台》《十采茶》《十记锣》等民间游歌,内容多为借古喻今,颂扬忠良,贬斥国贼,寓意深刻。如今的唱词也与时俱进,已改为歌颂农村的新气象及各种新鲜事物。

马灯表演熔舞蹈、戏曲与串阵为一炉,表演形式灵活多变,马队人物可多可少,演出时间可长可短,伴唱词可根据需要选择或改写,既适合在操场表演,也可以舞台演出。

丁家坞村的老老小小几乎人人都会唱马灯,马灯成为全村家喻户晓的民间表演艺术。如今丁家坞马灯队表演者均为15岁以下少年,小小少年挥鞭跃马,机灵敏捷,边舞边唱,可看性很强。

（刊登于 2013 年 7 月 30 日《今日新昌》）

市级非物质文化遗产——甘棠元宵乐

　　南明街道的甘棠村,又名婆棠村。其村名源自当地的一则民间传说:清朝乾隆年间,乾隆皇帝私行察访游江南,一天步行到此,疲惫不堪,饥渴难耐。当地一位老婆婆烧了一碗豆腐菠菜,一碗豆芽炒鸡蛋招待贵客。皇上吃了龙心大悦,便问菜名,老婆婆答是红嘴绿鹦哥,金镶白玉板。皇上返京后,要御厨做这两道菜。御厨瞠目结舌做不出,皇上就钦命老婆婆赴京做菜。因为老婆婆年事已高,坚持不去。故皇上赐亭建于附近,称"皇婆亭",婆棠村也就从此声名远扬。

　　和村名同样有名气的是该村的一项市级非物质文化遗产——甘棠元宵乐,此属传统音乐,是甘棠村村民经百年传承的演奏艺术。曲目诞生于清朝光绪年间,但曾在"文革"期间一度停演,直到20世纪80年代,由石铨法等老艺人组建乐队原汁原味地传承,曲目得以恢复,因此石铨法被绍兴市文广局命名为市级非遗传承人。但岁月总是无情,由于年事已高,石铨法于两年前去世。

　　石铨法和村人刘德明等初学演奏曲目是在20世纪50年代初期由张绍良(新中国成立前为京剧鼓板师)授教。张绍良演奏的"元宵乐"是由前辈张传生(1880年生)、俞汉龙、张雪堂等传授的。20世纪60年代初村里成立俱乐部,每逢节假喜庆之时,俱乐部就在村里演奏该曲目,曾一度红火。但好景不长,惨遇

"文革",因此停演。直到党的十一届三中全会召开以后,改革开放之春风拂遍大江南北,"甘棠元宵乐"也重获新生,于 20 世纪 80 年代得到恢复。省、市编辑民间器乐集成时曾多次组织乐队演奏录音,并在 1985 年将甘棠元宵乐编入《中国民族民间器乐曲集成·浙江绍兴分卷》。

"元宵乐"又名"闹元宵",是一种用打击乐器与管弦乐器混合演奏的民间器乐,因其演奏的曲牌"闹元宵"而得名。该曲目演奏的乐队由 12 人组成。其行当分笛子、碗胡、板胡、二胡、小梅花、引磬 5 人,大堂鼓、小堂鼓、大锣、小锣、双木鱼、叮当、钹、月锣 7 人(有的由 1 人演奏数件乐器)。以分两行呈八字形围坐的形式司乐。演奏时先由打击乐器敲打锣鼓谱奏 2/4 拍 42 小节,接着用管弦乐器奏出 2/4 拍 115 小节的乐谱,循环往复进行。其间采用变奏、加速等音乐手段,形成别具一格的演奏方式。"元宵乐"是娱乐性很强的民间器乐表演形式,以古朴的韵味、独特的演奏方式而深得行家和观众的好评。

"甘棠元宵乐"一般都在喜庆节假时演奏,以营造欢乐热烈的气氛。其特征是旋律流畅,抑扬顿挫,时而如高山瀑布,迸珠溅玉;时而峰回路转,九曲回肠,引人入胜,颇有艺术韵味,深受群众喜爱。

(刊登于 2013 年 8 月 6 日《今日新昌》)

市级非物质文化遗产——根雕

  根雕是一门化腐朽为神奇的艺术,艺人们凭着对自然美的独特感知,将取材于山野间不起眼的树根,一笔一笔,用刻刀雕刻出外形栩栩如生、主题生动鲜明、内涵深刻丰富的精美工艺品,令人叹为观止。根雕当下已经成为活着的文化——它不仅把时间凝固,更把人们对于生活的见解和希冀凝固其中。精致的雕琢,脱俗的修饰,只为了追逐和雕琢梦想本身,完美地再现精神的物化。

  据考证,民间的根雕艺术萌芽于战国,延续于唐、宋、明、清,趋势渐热于民国初年的浙东沿海诸地。到 20 世纪 30 年代,根雕艺术一度形成热潮,但随即迅速衰落。直至 20 世纪 80 年代,随着人民生活水平的提高,"根艺热"再次在神州大地全面兴起。就我县而言,也不乏出类拔萃者,如被国家民政部授予"中国根艺美术大师"资格证书的中国根艺美术学会理事屠振权,他的根雕作品《钟馗怒》《灵魂的使者》均获得"刘开渠根艺奖";还有根艺作品《华夏国魂》和《华池芳姿》在"中国根雕展览会"上获得二等奖的赵梅初,他们都是我县根雕艺术的佼佼者。

  我县的民间根雕艺术后继有人,黄叶云经过几年的刻苦钻研,取得了骄人的成绩。他的根雕作品《忘了羞》《面具后面的故事》《脱下战袍的华盛顿》《关公》《月宫盛会》等,都传递着清新的时代气息,其中作品《关公》获中国第九届根石博览会"刘开渠根艺奖"金奖。被评为绍兴市工艺美术大师的俞柏青也是我县优秀的根艺传人,近年来创作了一系列形象逼真、内涵深广、颇具艺术价值的优秀根雕作品,并获得了瞩目大奖,如作品《战国遗韵》获中国第九届根石艺术博览会银奖;"月光"系列荣获中国(东阳)浙江省根雕艺术精品博览会金奖;《赶集》获首届绍兴工艺美术精品展金奖;"守候沧桑"系列获中国(宁海)根雕艺术论坛暨 2011 浙江根雕精品博览会金奖;"湘西印象"系列获中国·浙江工艺美术精品博览会金奖。

　　根雕艺术真的实现了"化枯木为神奇"的传奇,如此清新脱俗、巧夺天工的艺术品,原材料竟是山里人用来烧火的树根头。艺人们用这些极不起眼的树根,经过"选材—立意—造型—精雕—打磨—上蜡—养护"等十多道工序的艺术加工,创作出构图合理、雕刻精细、刀法流畅、技术高超、内涵丰富的精美艺术品。它能对人物形象和典型事物加以高度概括和适当的夸张及抽象化、艺术化,而不是完全囿于现状的写实。其主体鲜明、寓意深刻,人物形象各具个性,姿态表情栩栩如生,极富艺术感染力。当你与陈列着的根雕作品对视的时候,它们的眼神就像是在跟你说话。如果你再细心一点,跟正在舞动着刻刀的艺人聊上一聊,就会发现只有拥有那样的眼神的人才能雕刻出那样妙不可言的杰作,只有拥有那样虔诚的表情的人才能把毫无生气的木头雕刻成这般栩栩如生的精灵。你更会情不自禁地感慨,那里的空气都充满艺术的芬芳。在物欲横流、喧嚣浮华的当下,根雕期待人们去聆听它宁静的心灵。

（刊登于 2013 年 9 月 11 日《今日新昌》）

市级非物质文化遗产——梅渚剪纸

　　一把小小的剪刀，一张薄薄的纸片，手指间看似不经意的舞动，纸屑随着飞舞的剪刀缤纷洒落，一幅精美的图案便跃然纸上——这就是神奇的新昌梅渚剪纸。一直以来，梅渚剪纸以其"纤巧细腻、构图精炼、玲珑剔透、亮丽悦目"的江南剪纸艺术风格和所蕴藏的深厚文化内涵，广受关注。

　　梅渚，这里古时多梅，聚落成片，地名由此而来。梅渚民间自明代以来就有剪窗花、贴墙纸的风俗，距今已有450多年的历史。剪纸艺术的起源是剪"佛花"，即民间烧香拜佛、祭祀祖先时用的经文上所粘的花。后演变成"窗花"，再演用到美化和装饰家居上。尤其是在逢年过节、婚嫁迎娶等吉日佳期，都要将寓意吉祥、喜庆的剪纸作品贴在门前屋后和嫁妆上。久而久之，许多当地百姓也因此练就了一手高超的剪纸绝活。随着时间的推移、社会的进步、人们生活方式的不断改变，这门民间艺术一度趋于衰退。自党的十一届三中全会以后，改革开放的强劲东风唤醒了这一古老的民间艺术。在县文广局及梅渚镇党委、政府的重视和支持下，镇文化站全力以赴，经努力挖掘、整理、抢救，这一民间艺术终于重放光彩，许多优秀剪纸作品脱颖而出，其中吕荷娟、黄全娟、张梅娟这"三娟"的剪纸作品《梅花鹿》《鸳鸯》和《双狮》，分别获浙江省民间剪纸作品大赛一、二、三等奖；梅渚村、前三村的剪纸作品《龙蛇图》《花瓶》《连年有余》荣获浙江民

间剪纸精品展一、二、三等奖;梅渚镇中心小学创作的《水浒108
将》剪纸作品获国家级一等奖。2003年3月,梅渚镇也因此被
浙江省文化厅命名为"民间艺术(剪纸)之乡",梅渚村被评为"绍
兴市剪纸文化特色村";2006年7月,"梅渚剪纸"被绍兴市人民
政府列入第一批绍兴市非物质文化遗产名录,梅渚镇中心小学
的求泽慧老师也被绍兴市文广新局评为传统美术"梅渚剪纸"的
市级代表性传承人;2013年4月,梅渚镇中心小学又成为绍兴
市首批非物质文化遗产教学传承基地。

梅渚剪纸品种繁多,表现内容极为丰富,在形式和表现手法
上独创一格,别具匠心。她既融合了传统剪纸艺术的表现手法,
又融入现代生活的元素,有方、有圆、有规则、有不规则、有对称、
有不对称等,构图精美,花中套花,可大可小,可分可合。据梅渚
民间剪纸能手介绍:剪纸往往是信手拈来,凡是入目者皆可作为
剪纸题材。内容以动物、花草为主,有飞禽走兽、梅兰竹菊、工艺
图案、人物形象等多姿多态的样式。图案要求上下、左右对称。
制作工具较为简单,一把头尖刃利的剪刀,一张红色蜡光纸即
可,但剪纸人必须心细、手柔、眼尖,剪纸时还得具备执着坚毅、
一丝不苟的精神,方可成功完成剪纸作品。

作为我国民间最为流行的乡土艺术形式之一,梅渚剪纸是
传统农耕社会生活的集中体现。在自然经济占主导地位的传统
社会,形成了日出而作、日落而息、男耕女织的生活模式,祈求农
业生产丰收、家族人丁兴旺和个人生活幸福成为人们最主要的
价值追求,剪纸艺术毫无疑问是这种价值追求的理想载体。因
此,在梅渚剪纸中,表现人们的日常生活场景、表达对生活美好
心愿的作品不在少数。她们往往采用丰富多彩的艺术表现手
法,对现实生活进行美化和加工,传递着传统田园生活的静谧和

安宁。

梅渚镇历届党委、政府高度重视民间剪纸艺术的保护和传承,把剪纸艺术作为推进当地农村文化建设的主要途径,并摆上议事日程,为剪纸艺术在当代的复兴创造了良好的外部环境。梅渚镇中心小学经常性地开展剪纸比赛和作品展览,鼓励教师开展相关的课题研究。自 1997 年起学校设立了剪纸艺术兴趣小组,有专人负责,2004 年开始,学校落实指导老师,自编一套(6 本)校本教材——《剪纸》,并在全校 252 名学生中开设剪纸校本课程,每班每周一节剪纸课。2005 年学校剪纸社团被绍兴市教育局评为艺术教育特色社团。剪纸社团开始有相对固定的学员,每学期人数在 30 人左右,由本校教师也是绍兴市非遗项目梅渚剪纸优秀传承人、绍兴市美术家协会剪纸艺委会理事求泽慧担任主要任课教师,另再安排几名教师任课辅导,进行"梅渚剪纸"的教学性传承和创新工作,现已打下深厚的基础,氛围日渐浓厚。

此外,村民们也成立了剪纸兴趣小组,并请村中的老艺人做好传、帮、带工作,因而曾一度出现有 3000 余人参加的梯队形剪纸艺术队伍,涌现了一批剪纸能手,也创作了一大批优秀的剪纸作品。梅渚民间剪纸这一根植于人们的生产生活,具有丰富的艺术价值和文化内涵的民间艺术,将继续成为农民所享用的精神财富。

(刊登于 2013 年 5 月 21 日《今日新昌》)

市级非物质文化遗产——新昌舞龙

  龙,神秘而灵性的象征,其粗狂奔腾的身姿、呼风唤雨的气势,成了中华民族永恒的传奇,兼神力和威力于一体的文化图腾,是我国至今保留的最原始的文化符号之一。龙文化熏陶了炎黄子孙五千年,龙的传人习惯把其固有的精神特征用"舞龙"这种形式予以体现,舞龙是民间对龙的图腾文化的一大创造。

  新昌和华夏大地其他地方一样,龙舞资源极其丰富,有大市聚板凳龙、石溪香龙、董村龙舞、拔茅舞龙等。每逢节庆或庙会,新昌各地常有舞龙的表演,年年舞龙,代代舞龙,舞着舞着,小小的新昌县里走出的舞龙队竟然也舞出了国际水平。2009 年 3 月,我县羽林街道拔茅村的农民舞龙队应邀参加 2009 年第七届中国香港国际武术节。舞龙队的一台"龙腾"狂舞,以精湛、多变、娴熟的舞艺一举获得一金三冠军的优异成绩,一时轰动,名扬世界,还被冠以"世界第一龙"的称号。

  新昌民间自古就有舞龙的习俗,每年的农历元宵节,大市聚镇前梁、后梁、斋堂等村的板凳龙舞就是一大看点。板凳龙除龙头龙尾由专人制作外,其龙身则全村一起出力,每户出一人,扛一条两米来长的板凳,每条凳上装六盏灯,称为"每户一桥灯"。然后用绳索将板凳连接成一条 150 米至 200 余米长的龙形,参加舞龙的人数有 200—300 人。糊灯的棉纸上大多为"国泰民安""风调雨顺"等吉庆词和山水花鸟画,在灯内红烛照耀下,五彩缤纷。

　　板凳龙舞开始,灯火辉煌、锣鼓齐鸣,夜明珠开道,龙眼闪烁。后梁村的板凳龙先在村里的盘龙场舞弄一番,然后在村道和村周围盘龙;而前梁村的舞龙队则浩浩荡荡沿着山路和田间小道,舞经附近各村,直至大市聚镇大街上转一个大圈后回村,全程约数十里。

　　板凳龙是一种高度艺术化的龙灯舞。它的表演特征可归纳成"长、众、亮、阵、盘"五个字。长:200余米长的板凳龙,蜿蜒前行时,见头不见尾,见尾不露头。众:由200多人同舞一条龙,心往一处想,劲往一处使,气氛之热烈,令人叹为观止。亮:200余米的长龙上装600余盏灯,龙身遍体透亮,夜色里不见舞龙者身影,唯见流光溢彩的灿烂火龙遨游于宇宙天地之间。阵:和着欢快的锣鼓,摆弄出"剪刀阵""香烟曲阵""里外盘龙阵"等阵式,相互交融,起、承、转、合,变化有序。盘:此龙舞又称"盘龙",意思是它在盘龙场和田间小道上闪烁盘旋,随着锣鼓的节奏变化盘出火龙图、剪刀箍等多种形态,引来附近村庄村民和县内各地数万人观看,历史上观看人数最多的一回达五万人次,壮观无比。

　　城南乡石溪村是千年古村,文化积淀深厚,民间艺术活动丰富,石溪香龙就是众多的传统活动之一。石溪香龙是用稻草编扎成龙身的,又名草龙,因它浑身插满香和蜡烛,晚上舞起来星光点点、香气扑鼻而得名。相传自石溪村落建成以来就有此舞,代代相传,形成习俗。

　　石溪香龙的起源与佛教有紧密联系:农历七月三十是地藏王菩萨生日,家家户户都祭祀地藏王菩萨。并且各户都要在门前点插线香,其中三支一撮为龙头,其余单支成线排列为龙体。等到晚上,各户将地上的线香拔起来插于白天捆扎好的稻草龙身上,点燃香烛,香龙就此形成。

石溪香龙舞是极具艺术性和观赏性的传统民间艺术龙舞。几十个人举着一条四五十米长的草龙环村游行。走在前面的乐队,用打击乐器奏《一条龙》乐曲,一个手擎"夜明珠"的彪汉,面向龙头退着走。"夜明珠"忽高忽低,时左时右,龙的眼睛紧盯着"夜明珠",龙身就随"夜明珠"翻滚舞动。在浓浓的夜色中,星光灿烂的草龙穿街过巷,环村舞蹈。香龙舞就是以这样朴素的艺术手段,把美术、灯光、舞蹈组合得浑然一体。

董村龙舞的起源可追溯到200多年前,当时,董村村民为保一方水土平安,出资合股制作龙舞器具,并组建乐队。早年村里有青、黄龙两支队伍。但黄龙队在一次到外地展演中遭遇大雪,队员饥寒交迫无法返乡,只好将黄龙烧在异乡,就此只剩下青龙队。

董村龙舞是在唢呐和锣鼓声中开场。表演者头缠白色毛巾,身着黑底白纽扣的民族传统服装,脚穿白色球鞋,腰束黄色飘带。伴随着长号嘶鸣,唢呐吹起"水龙吟",青龙斜刺跃然而上。首舞为"腾云驾雾";再有锣鼓点击"马腿",唢呐吹起"柳青娘"作"凌空漫步"状;接着长号嘶鸣,锣鼓"急急风",间以台锣和吊钗缓击声、唢呐"将流水"、锣鼓"满江红",做"滚龙欢舞""蟠龙结顶"展演;然后在锣鼓和唢呐的"骑马调"中做摇头摆尾、上下翻腾的表演。舞者阵容整齐、精神抖擞,以精湛的舞技舞出"青龙盘屋柱""青龙盘谷仓""青龙打滚"等阵式。舞者将一条以竹编骨、青布作衣的青龙舞得得心应手、惟妙惟肖、栩栩如生,令人眼花缭乱,使观看者眼前呈现出"见龙不见人,巨龙穿云破雾,上下左右翻腾"的奇妙景象,让人回味无穷,不禁拍手叫绝。

龙是中国的图腾,体现了广大民众对风调雨顺、国泰民安的期盼。新昌县境内的各种龙舞,皆反映了中国传统龙的精神,寄托着百姓对吉祥福瑞的期望,凝聚了民间的智慧。在新农村建设的时代背景下,一支支在民间舞动了千年的"龙"自然也逐渐融入现代元素,再生出新的文化形象,成为新时代腾飞在农村土地上的"神龙"。

（刊登于 2013 年 6 月 4 日《今日新昌》）

市级非物质文化遗产——梅渚糟烧酿造技艺

  自古以来,越地无处不酿酒,无处没酒家。我们越人大多与酒结缘,以酒会友。每逢重要时节,老百姓都少不了设宴饮酒——清明在家里摆酒祭奠祖宗,称之为"清明酒";端午要将雄黄酒喷洒到屋内的各个角落以辟邪;七月半酒席丰盛,称之为"过小年";新店开张时,会摆"开业酒";新生小孩满月时,会摆"满月酒";洽谈生意时,会摆"利市酒"……这是一方用酒文化熏陶出来的江南乐土。

  虽然,越地以酿造黄酒闻名天下,但同属越地的新昌却还能用黄酒糟酿制糟烧白酒,俗称梅渚糟烧。其以质地纯正,入口柔和、醇香,喝后不口干、不头痛等独特优点名传乡间,被誉为"新昌的茅台酒",梅渚糟烧酿造技艺已被绍兴市人民政府列入绍兴市第五批非物质文化遗产名录。

  梅渚糟烧源自千年古镇——梅渚镇梅渚村,相传于明末清初时期,新昌县梅渚一带乡民在自酿酒喝完以后,会再用酒糟配以龙糠等物进行烧制蒸馏而得一种优质白酒,俗称"糟烧"。因以梅渚一带为主产地,故得名"梅渚糟烧"。此酿造工艺已传承20多代,有10个分支,主要集中在梅渚镇梅渚村,并一直流传至今。据当地人介绍,曾经一度由于历史的变迁和观念的错位,梅渚糟烧的传统酿造技艺几乎失传。1981年,梅渚镇(原梅渚乡)党委、政府决定成立一家以生产黄酒、清酒、白酒为主的酿造企业(沃西酿造厂)。该厂的成立,为保护、传承、发扬梅渚糟烧传统工艺打下了基础,创造了条件。以魏灿樟为主的酿酒技师先以黄酒生产为渠道,再精心钻研其内涵,在酿制黄酒的过程中,发现做黄酒用过的糟,发酵5个月以上,再进行烧制蒸馏,产生的白酒味道更香醇浓厚,度数也在50度以上,而白酒循环再烧制出的白酒也比第一次的口感好得多。魏灿樟技师在研究完善梅渚糟烧的过程中,曾向多位老技师拜师学艺,在原先的基础上进一步改进酿酒技艺,亲力亲为,不断完善制曲、浸米、蒸饭、破水、开拔、灌坛、压榨酒糟、酒糟发酵、蒸馏、封坛老熟等各个环节的工作,逐渐形成了具有鲜明特色、绝不外传的独门技艺。

梅渚糟烧之所以受人欢迎,是因其在酒曲、香糟、酿造技艺上的与众不同,只要一对比,就能从口感上明显感觉出它的独特,所以凡是品尝过梅渚糟烧的朋友,都对它香醇厚实的口感赞不绝口,誉其为新昌的"茅台酒"。经过几十年的变迁,原政府创办的沃西酿造厂也已由魏灿樟个人经营,如今因诸多因素,原掌握该酿酒技艺的技师们有的年事已高,有的已去世,现仅留下两位技师和魏灿樟的唯一传人。

酒如人品,入口柔和、口感醇香的梅渚糟烧,正如我们新昌人的秉性,一方面温和不张扬、谦逊尚礼仪,另一方面则刚烈不阿,又极富闯劲。抿一口纯净透明的梅渚糟烧,品味着其中的刚柔相济、温烈相合,新昌大地上演绎千年、绵延不绝的酒魂也似乎随着醇厚的酒香弥漫开来。

(刊登于2013年5月14日《今日新昌》)

市级非物质文化遗产——西王莲子行（丐帮）

　　位于新昌县大市镇镇西的西王村是远近闻名的文化特色村,其中该村古朴原始的"莲子行"已成为唱响当地民间艺术的主旋律。

　　西王莲子行(丐帮)是一种颇具特色的民间群舞,它有独特的曲调,具一唱众和、边走边唱边舞的艺术特色。这一民间表演艺术始于明朝正德年间(1506—1521),系由戏曲《双贵图》演绎而来,是浙江省不可多得的民间艺术遗产。在每年农历十月十五开展沃洲山真君殿庙会时,西王莲子行(丐帮)的表演人员就继承前辈表演技巧,随"三十六行"游行队伍一起表演,历经清代、民国,至今已有500多年的历史。该项目已于2010年10月被绍兴市人民政府列入绍兴市第四批非物质文化遗产名录。

　　莲子行队伍可大可小,不拘一格,多至由100余人组成,少的一般在40人至50人左右。表演人员头戴扎花草圈,身穿茶坊布衣,腰束草绳,脚蹬草鞋,右手专做表演动作,左手食指和大拇指夹住由5至7根竹片穿成的响器,响器上装有数个彩色小绒球,领唱的另在右手握一长形尺板,起表演与指挥的作用。表演时,由一人带头领唱,其余队员在后列成两行紧随其后。领唱的随机应变即兴编唱,见到什么就唱什么,其内容有赞扬大姑娘漂亮的,有鞭笞为官、为富不仁的,有慨叹百姓无盐无粮的,有指桑骂槐斥责行为不规的,等等。

中华人民共和国成立后,西王莲子行(丐帮)曾因庙会属于封建迷信而一度停演。直到 1993 年,村人吕绍秋在多年潜心积攒唱词、道具、服饰等知识的基础上,主动串家走户,摸排寻找演出人员,并自筹资金购服装、制道具,邀请了 20 个人参演莲子行,以其原汁原味的表演在当年农历十月十五的真君殿庙会中取得了成功。自此西王莲子行(丐帮)这一民间传统表演艺术才得以恢复。

1996 年 4 月,西王莲子行(丐帮)参加县茶文化节表演。同年 9 月参加绍兴市第二届民间艺术踩街活动并获银奖。2000 年参加县第二届旅游节群文精品展演,在省电视台《今日浙江》栏目和《上海旅游时报》播出与报道。2001 年参加全国 27 家电视台竞拍"新昌行"民间艺术专题片。2005 年 1 月和 9 月分别参加了全县民间艺术大展示和"沃洲风"广场文艺展演。同时还赴本县各地参演,在县内外都有广泛影响。2011 年,第六届浙江省非物质文化遗产节开幕式在嘉兴市举行,来自全省各地的 11 个节目参加了开幕式上传统音乐舞蹈精品会演。"西王莲子行"作为绍兴市的唯一选送节目也参加了展演,并获得优秀节目奖,同时,西王村也是那次全省参加汇演单位中唯一一个行政村。

(刊登于 2013 年 4 月 2 日《今日新昌》)

市级非物质文化遗产——新昌张氏伤科

　　新昌张氏伤科是我县非物质文化遗产中的瑰宝,隶属于传统医药一类,长期以来,它为我县乃至周边县市人民的健康事业做出了卓越的贡献。在经济社会快速发展的今天,随着全球回归自然潮流的兴起及人们健康观念的改变,像张氏伤科等传统医药越来越受到人们的推崇,新昌张氏伤科也于2010年10月被绍兴市人民政府列入绍兴市第四批非物质文化遗产名录。

　　新昌张氏骨伤医院在治疗骨伤疾病方面具有鲜明的中医特色,其独特的疗效一直广受人称道,医院创始人张孟超院长父辈、祖辈四代都搞中医,在一代一代的传承中逐渐形成了"张氏伤科"中医品牌特色,造福了千家万户。

　　在张氏家族中,行医最早的是张成惠。张成惠先生生活于清朝末年,早先居住于梅渚镇麻家田村。他是一名拳师,毕生好学,喜欢与"郎中"打交道,好集一些关于中药治疗创伤的医籍及民间偏方。在习武与授艺的生涯中,自己常常免不了要受"伤筋断骨"之苦,就专用自制草药敷之。在反复的实践中,张老先生逐渐摸索出一些治疗骨伤的疗法,并自行研制出一种专治骨伤的膏药。这种膏药,由他自己采集药材,亲自煎制,疗效非常明显,很多伤者往往一贴就愈,久而久之,名声大振。每遇上门求医,其总是乐意施治,自己也慢慢成了一位较有名望的伤科"土郎中",名闻新、嵊两地。《新昌县卫生志》收载了其事迹。

张济美是张成惠的独子,受父影响,从小好医。20多岁时,就远赴杭州求学,就读于浙江中医专科学校。毕业后,一度在杭州西湖旁边的开元路开办私人诊所。求诊者门诊费随愿,给多给少从不计较,妻子则免费护理,待茶待饭,人缘极好。其间,曾为马寅初教授治愈过胫腓骨骨折,马寅初教授因此曾特地设宴致谢。张济美在杭州颇有名气,在时任浙江省省长张载阳的推荐下,还曾到杭州一家医校兼职讲学。抗战后,张济美回老家(已迁居到梅渚镇白杨树湾村)行医,他将所学的中医理论和自己的行医实践相结合,并将父亲的膏药进行改进,根据不同的骨伤病情研制出不同的系列处方,父亲的"土偏方"在其手里成了有理论依据的正规处方,疗效也越加显著。"白杨树湾的膏药好"就是从那时起名闻遐迩,慕名求医者络绎不绝。张济美一生行医,其治愈骨伤病人数以万计。自己曾是县人民代表、政协委员,但其临终时,留给儿辈的除父亲留下的一栋老屋及一些医籍和药具外,并无其他值钱东西。由于其医术精湛、医德高尚,1963年省卫生厅行文公布其为省著名中医之一。

张如愿是张济美的长子,初中毕业后就跟随父亲学医。其白天细观父亲治病之道,晚上苦读中医理论医籍,遇有疑难问题,往往喜欢刨根问底,或请教父亲,或参研医籍,或亲身实践,常常是乐此不疲。三年后,勤奋好学的张如愿便基本掌握了祖传医学,自己也积累了一些临床经验,除协助父亲看病外,自己也能独立行医。在长期的实践中,他还练就了一手"绝活":诊治骨折病人,往往只要用手一摸,便可判断骨折大概情况。其正骨手法也相当独特,治疗骨伤,内服外治,疗效非常显著,在新昌、嵊州、天台、上虞等县市享有极高的知名度和良好口碑。父亲的骨伤处方在他手里也得到进一步研发:治疗四肢骨折,根据病程有张氏骨伤1号方、2号方、3号方;治疗胸腰椎骨伤有张氏腰损方、济生肾气汤;治疗颈椎损伤有颈复方;治疗胸肋损伤有张氏顺气活血汤;治疗创伤性、老年退变性、风湿性关节疾病有张氏独活寄生汤;治疗下肢深静脉血栓形成还有张氏防栓汤;治疗挫伤、筋伤还有张氏伤膏等。目前,70多岁的他,每天上午仍坚持在张氏骨伤医院坐诊,为大量慕名前来的患者细心看病。

张孟超从小对自己生长在中医世家感到十分自豪,"做一名出色的骨伤科名医"是他的人生目标。高中毕业后随父学医,1982年起,其先后到杭州一一七医院、浙江大学医学院附属第二医院、北京积水潭医院、中国中医研究院骨伤科研究所望京医院、北京大学医学院附属第三医院、上海市第六医院等全国伤科著名医院研究深造,在继承祖业的基础上不断创新,成为"张氏伤科"的第四代传人。其擅长治疗脊柱、四肢、关节骨折和周围神经损伤等疾病,曾担任县中医院骨伤科主任,从事骨伤诊疗工作已有30年,临床经验极其丰富,在骨伤科诊疗研究方面有较高造诣。

为弘扬祖业,2003年,张孟超独自创办张氏骨伤医院,该医院目前已成为绍兴市唯一一家具有鲜明中医特色的二级甲等中医骨伤医院,年门诊达8万多人,为我县及嵊州、上虞、天台等广大骨伤病人造福。

至今,张氏家族中除了上述提到的4名较有名望的骨伤科医生外,还有10多位医生,分别从事中医内科、骨伤科、妇科、药房、护理工作。创始人张成惠曾立下祖训:积财不如积德。如今,张氏家族的医生们都遵循祖训,以造福病人为己任,默默地耕耘在各自的岗位上。真可谓"中医世家名医辈出,悬壶济世行善积德"。

（刊登于 2013 年 3 月 26 日《今日新昌》）

市级非物质文化遗产——南洲罗汉

南洲村是我县小将镇内的一个有名的古村落,位于小将镇南约 3 公里处,新昌最高峰菩提峰的东北麓,是有文字记载以来,新昌建村历史最早的村落,建村始于公元 147 年,至今已有1800 多年历史。南洲建村早于新昌建县,故有"先有南洲丁,后有新昌城"之说。村内文物古迹众多,如宋井、丁崇仁墓、潘音墓、中台门、丁氏上祠堂、燕翼堂、下四房 7 处已被列入县级文物保护单位。南洲村文化积淀深厚,拥有一项市级非物质文化遗产名录——南洲罗汉。

南洲罗汉又名叠罗汉,是一项民间杂技,始传于明代正德三年(1508),距今已有 500 多年的历史。南洲罗汉起源于小将镇青草坪的"七堡龙亭"庙会,七堡龙亭始建于明正德三年。相传自七堡龙亭建成起,菩萨在 7 个村(旧时称堡)每年轮坐一次,其间都要进行庙会,每当轮至第七年在南洲村举行时,庙会规模盛大,各种民间艺术团队纷至沓来,南洲的罗汉艺术表演队借此登台表演。由于表演技艺要求高,观赏性强,成为整场庙会最精彩的节目,南洲叠罗汉也因此名扬县内外。

"台上一分钟,台下十年功",罗汉班的人必须从少年时期开始学习,苦练上数年方能上演。演出分大、小罗汉组合表演,大罗汉年龄一般在 18—25 岁,小罗汉年龄则在 8—15 岁之间。表演时,脸部都作戏剧小生俊扮,形同一群武士。南洲罗汉表演艺术可归纳为"走、翻、叠、武"四字。"走"即走阵。全体小罗汉走队串阵,阵式有梅花阵、剪刀阵、穿花阵、盘龙诸阵等。"翻"即"翻筋斗"。筋斗的名目有"转风车""鲤鱼过滩""猢狲爬竹""柔燕穿柳""背米"等,其中"背米"为高难度动作,最为惊险。"背米"动作上演时,表演区置一高桌,桌上置一高椅,椅上再置一大鼓,表演者手捧白米一畚斗,攀缘至鼓上,再一个凌空筋斗飘然落地,而畚斗内的白米则不泄一粒,并以落地时声音轻者为佳。再接着就是"叠",即"叠罗汉",有"麒麟送子""走舞踏鬼""千手观音""六叶荷花"等诸多叠法。最后是"武",即耍棍、弄棒、打拳、踢腿等。大、小罗汉个个生龙活虎、灵活精悍。在表演中,力与美得到了完美体现,常赢来观众如潮的掌声。

整场表演配以梅花唢呐,在热闹的"骑马调"锣鼓声中进行。

南洲村的罗汉队曾多次参加市、县、镇的各类文艺表演,获得新昌县民间艺术表演一等奖;罗汉队改编的《小八戒》参加中央电视台第六届儿童音乐大赛获全国金奖;选送的节目《美猴王》参加"新昌县乡村达人秀"展演活动荣获第一名;第六代传承人丁阳栋在全国武术馆校散打王邀请赛中获螳螂拳冠军;在第九届浙江国际武术比赛中,丁阳栋所带徒弟石嘉骏、石妮琪各获一块金牌,张雨涵、梁昊杰、陈立鑫等13位学员获团体第二名。此外,南洲罗汉队还接受过绍兴电视台的专题采访。南洲村也因此被评为绍兴市体育特色村。

据介绍,南洲罗汉开创之初是为了庙会演出,是南洲村先人们创造的一种文体形式,传承了500年后,现已经演变成后人强身健体的方式,很受年轻人的喜爱。第五代传承人,即绍兴市级"南洲罗汉"传承人丁兴南,就成了很受欢迎的武术师傅,他不仅在县内有名气,还名扬周边县市,早在1979年,他就赴三门、宁海等地做武术老师,2004—2009 年又赴宁波国际文武学校任教,现在回到家乡,创办了新昌南洲罗汉培训班,所教徒弟已达几千人之众。现在连第六代传承人丁阳栋和胡炎彬,也已熟练掌握"南洲罗汉"全部技艺,成为传承中坚力量,现已开班收徒。看来,"南洲罗汉"这朵民间艺术的奇葩将会生生不息,代代相传。

（刊登于 2013 年 7 月 9 日《今日新昌》）

市级非物质文化遗产——三坑秋千船

　　新昌有个三坑村,那是个幽美的地方:有重峦叠嶂的青山,隔断世俗浮华;山上有终年青翠的毛竹,翠色常令人神往;竹间还有潺潺涧水流过,一路吟唱着来自大自然的淳朴歌谣……三坑还有艘"秋千船",摇摇晃晃游了近400年,给世世代代的三坑百姓带来无尽的安康。

　　三坑秋千船,不是一艘真的"船",而是绍兴一项市级非物质文化遗产,是三坑的老祖宗留下的一项文化瑰宝。

　　三坑村隶属巧英乡,据巧英乡桥下村老艺人刘有昌(1917年生)介绍,先有行道,再造真君殿,而秋千船是行道的一部分,菩萨出巡称为行道。

　　那几年,三经(现在的巧英乡范围)地面连年歉收,不是稻烧病(稻瘟病),就是蝗虫危害,因此村民束手无策,纷纷求助于在云竹庵潜心修行的云竹女。云竹说昨夜梦见一红脸神着金甲,带领众多将校、兵丁来到此地,听他说:"好风景,好一方圣地,金木水火土五行俱全,六月盛夏,居然凉风习习……"听他之言,有意长留此处,不知是何方尊神。不如这样,我画下梦中尊神的相貌,你们在农历七月初八扛画像、扛大旗、鸣锣放炮,抬秋千船、吹鼓亭出巡各村,如有灵验,全乡父老为其集资造殿,塑金身,受香火,留下真君大帝,保一方平安。

　　果不其然,画像出巡后,所到之处,蝗虫席卷而去,稻烧病也不见了,乡民当年喜获丰收。为报答神灵显赫,于是当地村民造真君殿,塑真君大帝像。据真君殿碑文载,那年是1627年,以后每年七月行道,行道时就有秋千船。这样算来,行道距今至少有380年历史了。

秋千船,船非船,下半部分似船形,上半部分似秋千,两边插着花草,挂着灯笼,4个人抬着慢慢行走,仿佛一艘船畅游在平静蔚蓝的海面,中间部分像个大轮子,轮子上吊着4个座凳。4个5—6岁的小男孩分别扮成文武生和小旦模样坐在其中,惟妙惟肖。金童玉女祭祀菩萨,船里躲着的大人用手不停地转着轮子,这样轮子转动着,小孩也随之跟着转动,荡着秋千,优哉游哉,其乐融融。船头站着的也是由一位小男孩扮成的如花似玉的船姑娘,船尾则是一位白发苍苍的船老大,"父女俩"分别摇着橹、划着桨,脸带微笑,对美好幸福生活充满憧憬和向往,抑制不住内心的喜悦,歌唱着丰收,歌唱着太平盛世,祈求风调雨顺,国泰民安。传说中,乘坐秋千船的小孩能一生富贵平安。整个表演流动舒展,秋千船美观漂亮,既适合广场表演,也适合舞台表演。

旧时的秋千船用两根木头和四个人抬着游行,现在用四个轮子推。据三泾刘氏宗谱记载,古时最后一次行道是在1949年7月,因此,秋千船也一度失传。当地刘中万等一批热心人士根据老艺人的述说、回忆,重新打造秋千船,培训表演人员。1991年,秋千船在县首届石城文化节上亮相,博得了观众的一片喝彩;1996年,参加了县茶文化节;1999年参加旅游节开幕式文艺表演;2001年,又接待参加"新昌行"电视采风活动的江苏泰兴电视台、安徽蚌埠电视台采访拍摄的记者。逐渐地,秋千船已成为当地喜庆活动中的一项重要表演活动,也是巧英乡农民文化节的重头戏,并于 2008 年 11 月被绍兴市人民政府列入第二批非物质文化遗产名录。

世间万事皆有其运行法则,"三坑秋千船"这一民间艺术也不例外,虽古老且失传多年,如今却又重放异彩,它承载着三坑的古老文明和世世代代三坑百姓的美好愿望,稳稳地驶向光辉灿烂的明天。

（刊登于 2013 年 7 月 2 日《今日新昌》）

市级非物质文化遗产——同兴茶食制作技艺

　　一个"老字号"就是一个流传百年的故事,一块金字招牌代表着一项经久不衰的工艺。同兴茶食就是一个流传在新昌民间的故事。在许多土生土长的新昌人的童年记忆里,同兴老店里排列着的种种传统糕点,曾是儿时最大的诱惑,每每路过,总要驻足片刻,不舍离去。一块甜中带咸的桃酥,一包香甜无比的酥糖,几个香脆可口的小麻饼……都成了记忆深处永恒的向往。

　　同兴茶食始于清朝道光三十年(1850),距今已有160多年的历史,相传由吕瑞占在原新昌县城关镇鹅行街的同泰茶食店创立。吕瑞占尽管出身贫寒,但从小就为了生存而辛勤劳作。起初在新昌城内一家小茶食店做学徒,学到了一手制作糕点的好手艺。20多岁时,他开始在自己家里做糕点,做好后挑着担子走街串巷。由于糕点做得好,口味又很有特色,每天当别的小贩还在吆喝叫卖时,他担子里的糕点已早早地卖完了。正是生意越做越好,吕瑞占才有了自己真正意义上的门店。前店后场,专门生产和销售四季传统糕点,并形成了自己的一套传统糕点制作技艺。这就是同兴茶食工艺的基础。

　　清朝光绪二十八年(1902),同泰由第二代掌门人吕炽昌经营,他在传承前辈经营特色的基础上,扩大经营业务,高薪聘请了元桂、阿增两位绍兴茶食师傅,引进外来技术,提高产品质量,增加花式品种,生意愈做愈红火。这也使得同兴茶食的配方及技艺得到进一步的提升和发扬。

1941年,日军空袭新昌,同泰被炸!第三代传人吕福广借贷资金,在原地废墟上构建房子,重新开业。因战乱、政局动荡不定、百姓人心不稳、货币贬值、物价飞涨,生意已大不如从前,但是传统技艺还是被完整地保存了下来。

转眼到了1949年,中华人民共和国成立,国家对私营企业进行了改造。经过几年改造,于1956年,以同泰为基础,结合同裕和、俞冶和等其他商店成立了"新昌茶食合作商店"。朱金生任商店经理。1980年,企业改名为"同兴茶食商店"(当年刚好是同泰老店创业130周年,同兴即同泰兴隆发展之意)。

1984年,老经理朱金生退休,经全体职工民主推荐,一致通过,陈万隆当选为商店经理,从此扛起了同兴第五代掌门人的大旗。1987年,县商业局为了发展商办工业,将企业改制为"同兴食品厂",任命陈万隆为厂长。

1993年,同兴作为我县首批13家转制试点单位之一,率先完成了转制工作,更名为"浙江新昌同兴食品实业有限公司",陈万隆任董事长兼总经理。为了适应新时代的需求,陈万隆潜心研究祖传技艺配方,在祖辈代代相传的技艺基础上,不断推陈出新、改良配方、完善各个生产环节,进一步改良了生产工艺,提高了产品质量。虽然历经历史变革,但同兴依然保持老字号的特色,视产品质量为企业生命的经营理念依然不变。如芝麻小酥糖、酥京枣、桃酥等传统名点、名式月饼从清代延续至今,依旧保持了传统的生产配方及工艺流程,直到今天,我们依然能品尝到160多年前一脉相承的老味道。现在,同兴成了"中华老字号"企业,其传统手工制作技艺被绍兴市人民政府列入绍兴市第五批非物质文化遗产名录。

同兴茶食以米粉、小麦粉、芝麻粉、白砂糖、食用油等为原材料，经蒸、炒、烤、炸等全手工制作方式，制成熟粉类、烘烤类、油炸类等各种不同风味的酥、糕、饼、糖等四季休闲食品。同兴茶食的工艺较为复杂，每一道流程都有严格的要求。产品口味酥香，味道纯正，深受广大消费者的欢迎。

　　但随着经济社会的飞速发展，以烘焙业为主的西式糕点强势引进，传统手工制作工艺的市场前景受到冲击。手工制作代表了较大的劳动强度、复杂的操作程序、严格的技术要求，而且手工制作的产量极低，经济效益跟不上导致员工工资与机械化产业的工资差距比较大。年轻人基本上很少会愿意进入这个领域。随着时间的推移，传统工艺已呈逐步衰落的趋势，后继乏力，同兴亦面临同样的窘况。

　　　　　　　　　　　（刊登于 2013 年 5 月 7 日《今日新昌》）

市级非物质文化遗产——新昌舞狮

　　自古以来,狮子一直是力量和意志的象征。在老百姓心目中狮子更是瑞兽,是吉祥如意的图腾,所以舞狮一直寄托着民众消灾除害、求吉纳福的美好意愿。在我们这个古老的国度里,舞狮还代表着富贵、尊严及中国人民威武不屈的民族性格。动的狮,飞的龙,吞云吐雾,呼风唤雨,在神话般的世界里,舞出普天下中国百姓渴盼风调雨顺、五谷丰登的良好愿望。

　　我们新昌的狮舞资源也极为丰富,逢年过节,老百姓和其他地方的民众一样,也爱用"舞狮"这种方式来祈盼风调雨顺、平安吉祥。所以,县域内的舞狮队众多,较有名气的有儒岙镇的洪塘狮舞和上道地狮舞、城南乡的下洲狮舞、大市聚镇的寨岭黑毛狮子等。

　　上道地村的狮舞活动在清朝乾隆年间(1736—1796)已成气候,至今一直从没间断。节庆时节,每当两支目连号在锣鼓声中吹响,周边村子里的人们就知道是上道地村的狮舞班进村了。上道地狮舞班一般有 13—16 人,其中乐队 3—5 人(可转换交替)。一般在晒谷场上(或开阔地带)表演:一位队员荡起一个抛向天空的彩球,两位队员忙钻进狮子皮里面,一个舞起狮头,一个把好狮尾,一头凶猛的雄狮就腾空而起追逐彩球,踏着鼓点乐声,摇头摆尾,威风凛凛,狮子诙谐有趣的生活化状态及狮舞班高超的舞狮功底即刻淋漓尽现。舞完狮子后接着是武术表演,队员刀、枪、棍、棒件件得心应手,然后由狮舞班每人表演一套拳术,主要是南少林拳系列的雪山拳、十六指、小金刚等20多套拳路,最后是师傅表演,也叫"封坛拳"。

洪塘村和上道地村一样,也是个体育特色村,村人不分男女,有80%以上的人都会弄拳舞狮。洪塘村的舞狮也常和武术表演连在一起,程式有三:首为耍狮者握戏绳绣球引出狮子,作镇四角的模拟舞;次为武术表演,武术分行拳与器械二部分,表演者摩拳擦掌、操棍弄拳,刀光"棒"影,令人眼花缭乱;最后表演"狮子叼绣球",耍狮者用绣球为诱饵与狮子搏击,只见金狮翻滚、张牙舞爪、虎虎生威,促成一个接一个惊险动作,体现了精湛强悍、崇尚武艺的精神。最后以降收狮子等各种舞蹈姿势而收场。整个表演过程以打击乐伴奏始终。

城南乡下洲村的狮舞更是名不虚传,舞狮者个个身手不凡。狮舞在"嘟……""嘟……"的长号声中伴着"急急风"的锣鼓声开始,由一人舞狮头,一人舞狮尾的双人狮跳跃出场,它时而暴跳、时而文静,或蹲或坐,或立或行,摇头甩尾,左顾右盼八方,头尾动作协调,表演连贯流畅。在节奏紧凑的锣鼓声中,"狮子钻桥洞""狮子吞铜"等绝技一一舞出。舞狮人使尽浑身解数,把平时练就的真功夫发挥得淋漓尽致。一场狮舞后,就在快慢缓急的打击乐声中表演武术,"十六指""杀散""霸王""小鱼拳""大鱼拳"……套路多多,每人表演一路。动作清清楚楚,拳脚稳健有力。最后是甩球者(驯狮人)与猛狮的搏斗,狮子张牙舞爪地猎取狮球,甩球人凭着智勇夺回狮球,几经艰苦搏斗,甩球人终于降服了凶猛的雄狮。一场狮舞和拳术,展示了下洲舞狮人的刚勇和智慧。

大市聚镇的寨岭村,四周环山,周边人称"小梁山"。祖辈为防盗贼,村中男儿大部分都要舞拳弄棒,练得一身武功以保护家园。再加上真君殿十三堡要以"舞狮"为项目参加一年一度的庙会,祖辈们就从罗汉班中挑选 20 人左右训练狮舞。寨岭的狮子与其他地方的狮子不同,皮毛全是用黑桐麻做的,故称黑毛狮子,意为勇猛威武,天下无敌。寨岭黑毛狮子班,一共 20 人左右,表演时随着锣鼓敲起"急急风",并吹起嘹亮的目连长号。武士装束的年轻小伙子手持绣球,引导狮子登场表演,一人舞狮头,一人舞狮尾。一头十分勇猛的黑毛狮子腾空而起,以各种高难度动作和幽默诙谐的生活形象化动作,尽显舞狮者的武术功底。在狮子叼住绣球后就另换武术表演,当年的"小梁山"好汉就一个个登场亮相,"大鱼拳""小鱼拳""单腿""双腿""单边腿""双飞腿""倒爬虫""鲤鱼过沙滩"等,还夹带刀枪棍棒,十八般武艺悉数得到展示,现场观众无不拍手称奇。相传黑毛狮子班里曾有位武功超高的人,能捧着盛满米的三升畚斗快速翻数十个跟斗,而畚斗里的米又不会倒出。其实,黑毛狮子班成员的武功每个都不浅,有一次需过溪去邻村舞狮,当时溪水很大,水位猛涨,狮子班的 20 多人,把所有服装道具绑在脚上倒立游过沙溪江,沿岸的目击者无不为之惊讶。还有一次,黑毛狮子班应邀去宁海演出,当地人有意试探虚实,准备寻事找点麻烦。但在表演时黑毛狮子用力一个扫脚,狮子腾空把石子扫飞四溅,吓得围观人群四下躲藏。"小梁山"从此名声更大。每逢真君殿举办盛大庙会,没有寨岭黑毛狮子班的贵水太公(已故)指挥领班,队伍不得起程。黑毛狮子就这样一直舞到中华人民共和国成立。之后,盗贼没了,天下太平了,黑毛狮舞也就失传了。

（刊登于 2013 年 6 月 18 日《今日新昌》）

市级非物质文化遗产——西坑吹鼓亭

　　镜岭镇在人们的印象中是个风光秀丽的地方：瑰玮奇丽的穿岩十九峰、韵味深远的千丈幽谷、天然档案式的国家地质公园，集天地灵气、田园风光为一体，被誉为中国的"江南小桂林"。

　　镜岭镇不仅风景秀美，而且历史悠久，在春秋战国就有人类繁衍居住。万历《新昌县志》记载："县四五十里镜岭，为通台、温之孔道。"因各地人员来去频繁，交往密切，故而民间艺术资源较为丰富。其中以起源于清代光绪年间的民间器乐"吹鼓亭"最为显著。而吹鼓亭的演出和流传，更以西坑村为代表。

　　吹鼓亭，距今已有130年的历史了，其顾名思义就是供乐队抬着边走边演奏的一个彩色亭子，颇具艺术观赏性。鼓亭是由细木精雕细刻而成，呈六角四层，可拆可装。底层是一些寓意吉利平安的楷书，第二层是山水、花鸟图案，第三层是戏剧人物画，第四层则是天上神仙之类的图画，亭顶飞檐翘角。每层六角配有彩球，每层门面配上对联、匾额，各层围有护栏，护栏雕一些吉祥图案。演奏时，前面四面旗子开道，锣、鼓装在鼓亭里敲打，吹、管、弦乐器围在亭两旁司乐。演奏的曲目主要是器乐曲《大辕门》，意在烘托将军出师、挥戈扬马、战鼓震天动地、战马嘶鸣长空的雄伟气概。其旋律激昂慷慨，虎虎生威，急如暴风骤雨，又如千军呐喊、万马奔腾；缓时却又如行云流水，悠扬婉转。吹鼓亭适宜在喜庆佳期演奏，既适合广场踩街表演，又适合舞台演出。

中共十一届三中全会之后,神州大地真正迎来了文化的春天,许多源自民间、根植于民众生活的文化遗产又被改革开放之春风唤醒,像"西坑吹鼓亭"这样的民间音乐又唤起了人们久远的记忆。20世纪末期,西坑村成立了西坑吹古亭演奏队,演奏队曾在1996年4月参加新昌县首届茶文化节的表演;1997年6月又在新昌县第三届艺术节民间艺术专场中亮相演出;2001年9月,还参加了"新昌行"民间艺术专题片的拍摄。因此西坑吹鼓亭于2006年7月被绍兴市人民政府列入绍兴市第一批非物质文化遗产名录。

如今,在几位老艺人的口传心授、倾心传承下,一批西坑吹鼓亭新艺人已经涌现出来。这一民间演奏艺术将以她独特的魅力得到保护并传承下来,在灿若星河的民间艺术宝库中闪烁独特的光芒。

(刊登于 2013 年 7 月 16 日《今日新昌》)

市级非物质文化遗产——西坑石雕

　　石头是冷的、平凡的,但雕刻过的石头却是形象生动的,它融入了人们丰富的人生体验和审美情趣,有着鲜活的灵魂。我县镜岭镇西坑村的西坑石雕就是一项在西坑青石里注入了西坑人情感及思想的民间传统艺术,该项目于 2006 年被绍兴市人民政府列入绍兴市第一批非物质文化遗产名录。

　　西坑青石具有色似翡翠、质地细腻、遇水微绿的特点,非常适宜精雕细刻。据《新昌县志》记载:青石(碧石)产于西坑乡(现为镜岭镇西坑村)的石宕村(石宕自然村),呈浅蓝(绿)色,适于雕刻石碑、石狮、石鼓、廊柱、石槽等,称江南名石。

　　西坑村历史悠久,在春秋战国时期就有村民居住。而西坑石雕这一民间传统艺术就源于这一历史时期。据《绍兴群文大观》记载:春秋战国时期,吴王为建造"馆娃宫",下旨派大臣寻找一种须由名石雕刻的工艺造型品置于宫中。使臣翻山越岭觅道而行,一路来到新昌西坑村。闻听山中有叮当之声,原来有雕刻石匠在作业,即求艺人将所雕产品送往姑苏"馆娃宫"。南宋时期,贾似道在西湖建筑园苑时也用过西坑石,这使西坑石雕更为出名,被誉为"江南第一石"。

　　西坑村石宕自然村村民祖祖辈辈以采石雕刻为生,造就了一代代的石雕艺人。20 世纪 80 年代初,全村发展到有 66 位雕刻艺人,是有史以来发展最为旺盛的时期。随着新昌旅游业的蓬勃发展,石雕产品更是供不应求,促进了采石、雕石业的发展。

西坑村石雕艺人们的石雕工艺极为精湛,他们在雕刻过程中匠心独具,为纯净如水、质地细腻的青石构思,创作出许多造型各异、巧夺天工的石雕产品。如沃洲湖真君殿内的蟠龙石柱、杭州四季青的仿古塔、奉化溪口蒋母墓道的墓碑石柱等,大大小小的石狮产品更是不胜枚举。如蹲坐在嵊州市城东大桥头的4只大石狮,长11.5米,宽0.9米,高2.3米,气势之雄伟,令过往行人无不赞叹其工艺的精湛和神态的栩栩如生。

据介绍,石雕产品的制作工艺流程大致有十道工序:一、首先准备工具:烧制石蟹和钢钎,制石蟹20—30只;钢凿(即钅子)20—30根;8磅、6磅、4磅等各种规格的大、小榔头、碗锤、钢钅篮、钢钅筒、磨刀石、锯石机、刨石机等手工和机械工具。二、到山上寻岩采石,观察宕石质量。三、选定岩石爆破后,再按产品要求的大小破石块取料。四、将取好的毛石经过锯石机锯石、刨石机刨石。五、在经过锯、刨的石料上凿出产品的毛坯。六、在初步定型的毛坯上按产品要求绘画、写字。七、在毛坯上进行雕凿:根据产品图案的设计要求,对产品毛坯进行施工。八、产品在精雕细刻后成型,并通过检验。九、擦磨:将产品由清洗到砂光。十、最后将产品包装起运。十道工序,十分用心,每道工序都马虎不得,需倾注石雕匠们十分的心血。

时光穿梭,岁月更替,无论哪朝哪代,西坑村石宕自然村几乎家家有石匠,都能雕刻出大大小小形态逼真、产品各异的精美作品,雕刻的石狮、石桌及“梅、兰、菊、竹”等产品销往宁波、杭州、上海、南京等。石雕工艺在给当地村民带来经济效益的同时,也向世人展示了来自新昌山野自然和人文相结合的珍品。

“问君哪得清如许,为有源头活水来。”正是西坑的灵山秀水,以及西坑人对民间艺术的孜孜追求,孕育了"西坑石雕"这朵散发着山野泥土芬芳的艺术奇葩。如今"西坑石雕"已经盛开在祖国的大江南北了。

（刊登于 2013 年 8 月 13 日《今日新昌》）

市级非物质文化遗产——新昌传统武术

　　"生命在于运动",有规律地进行体育锻炼是人们保持健康体魄的关键。所以,不管世界怎样变化,世事如何变迁,以强身健体为主旨的传统武术始终伴随人类一路向前,从不曾间断。

　　新昌传统武术是相当有生命力的,据传系少林拳南派体系,最早可追溯到明代中后期。据《新昌县志》记载,明清时期,新昌民间武术广泛流传,人才辈出。清代时,新昌有武举人5人,武进士55人,武秀才遍及乡里。太平天国时期,南拳传入绍兴地区。清末民初,南拳在新昌达到鼎盛阶段。民国时期,民间有拳坛100余处,当时,新昌大部分村民都能舞枪弄棒。

　　据《新昌县志》记载,明洪熙元年(1425),城南乡下洲村武举人张蕴深奉命押送粮草到金陵。民国十八年(1929)11月,儒岙镇洪塘村村民章选青在杭州举办的国术游艺大会上勇夺金奖。据说表演完毕时,赛场上留下四五厘米深的脚印,全场响起雷鸣般的掌声。后来,他被浙江国术馆聘请为武术教官。其弟章根宽在中华人民共和国成立前的一次武术比赛中,曾挫败一名俄罗斯大力士。

　　由于历史原因,中华人民共和国成立后新昌传统武术曾一度沉寂,于20世纪80年代再度兴起。1983年,新昌传统武术参加绍兴地区武术表演,受到武术专家一致肯定。至此,新昌传统武术进入复苏期。1985年,新昌县武术协会成立,该协会通过

"走出去""请进来"等多种形式,开设了各种武术培训班,来自县内外的武术教练分别到各乡镇进行培训,受训人数达到数千人,主要传授国家武术套路、地方特色拳种等,培养了一批又一批武术新秀,举办了各种武术赛事,让更多的武术爱好者有了用武之地。值得一提的是,2008年4月,新昌县武术队作为绍兴市唯一的武术代表队参加了在杭州举办的浙江省第六届农民运动会,3位选手参加12个项目的比赛,荣获了11块奖牌。

新昌传统武术分行拳和器械两部分,行拳以出山拳、十六枝拳、洪拳、霸王拳、五虎落西川拳为主,其他几十种拳为辅;器械包括少林棍、大刀、球耙、响铃叉、板凳等几十种;对练有三角拆、大盘拆、刁手拆;暗器有铜钱镖;舞狮有单狮舞、双狮舞。最具代表性的有大洪拳、少林棍、锤钯、关公刀,这些项目均在浙江省第四届国际传统武术比赛中获金奖;少林拳在"麦积山杯"首届全国农民武术比赛暨中国·天水伏羲武术大会上获得金奖;拳术十六枝、器械关公刀在第五届浙江省国际传统武术比赛中获金奖。

新昌传统武术有功架正、落地稳、立地生根、发力刚猛、以气催力、以守为攻、实力步战、攻防兼备等特点,拳打卧牛之地,发声有惊雷之意,有强筋舒骨之功,长期锻炼能使人延年益寿。新昌传统武术还拥有独特的功理与功法:一为打高伏落,伏落如虎威;打底借角,借角得机而起,如影随形,立起如蛇"笃"。二为侧下如铁臂,"轰""咳"背如弓,吞吐分高低。三为三角团团步,叫作梨花步、梅花步、鸳鸯步。

新昌传统武术在周边地区影响深远,嵊州、台州、东阳、磐安、奉化等附近县市很多老板不仅出资盛情邀请新昌武术队、舞狮队外出表演,而且还将自己的子女托付给武师习武养德。

新昌传统武术现分布在各乡镇（街道），特别是儒岙镇上道地村和洪塘自然村、城南乡下洲村。目前我县已经成立上道地村、洪塘村、下洲村等数十个武术队，还成立了南拳研究会及分会，组织武术队的骨干成员对南少林拳的套路进行挖掘整理，并将部分套路刻录成光盘，作为教材进行传承教学。还定期举办武术培训班，培养新昌武术传人，让新昌传统武术不断发扬光大。

（刊登于 2013 年 10 月 9 日《今日新昌》）

市级非物质文化遗产——新昌竹编

东坡先生有言:宁可食无肉,不可居无竹。无肉令人瘦,无竹令人俗。苍翠挺拔、虚心坚实的竹子自古就是文人雅士们的最爱,他们常以与竹相依的屋舍为雅居,称以竹明志的人为优雅脱俗人。

不过说到竹子,倒也未必只有令人免俗的功能,其用处多得不胜枚举。譬如:竹笋是美味无比的食材;竹子因其坚实而富有弹性、韧性,劈裂性能好等特点,很适宜劈篾编织各类实用竹器具,包括篮、盘、瓶、罐、箱、盒、席、帘、扇等,还可以制成各类竹编工艺品,如屏风、壁挂等。被绍兴市人民政府列入第五批非物质文化遗产名录的"新昌竹编"就是一个用竹子编织经典的例子。

新昌是"八山半水分半田"的山区县,竹类资源极为丰富,老百姓利用竹子的历史也很是悠久。新昌竹编在殷商时代就已问世,唐宋时期,新昌的竹编艺人就通过自己的慧眼和巧手,吸取其他工艺特长,创作了一系列精巧雅致、美观实用的竹编工艺品。如日常家用的篮、盘、瓶、罐、盒、箱、帘、扇……以及寺院供奉的神佛仪仗、民间庙会和传统祭祀用品等,应用十分广泛。明清时期,竹编技艺发展迅速,竹编工艺品的艺术性与实用性进一步紧密结合。据清代康熙年间有关文献记载:"筀竹软可作细篾器。"当时的竹编工艺,主要生产门帘、果盒、托篮等产品,其中书箱、香篮广泛流行于绍兴、诸暨、嵊州、新昌一带。清末民初时期,竹编也很兴盛。可惜到民国中后期,国家处于战乱状态,到处战火纷飞,民不聊生,新昌竹编也曾一度萧条。但中华人民共和国成立后特别是改革开放以来,新昌竹编就如枯木逢春,又开始蓬勃发展,作品频获大奖。

新昌竹编素以造型优美、编织精巧、实用与欣赏兼备而驰名中外。在长期的发展中形成了模拟造型、竹篾漂染、花筋、蓝胎漆四大工艺特征。

竹编行业在历史上是以作坊形式存在的,其工艺在父子相承、师徒相授的传统学艺方式中已经历了几千年,它代代相传又代代发展,新昌竹编也是如此。1951年9月,13位民间竹编匠人组成了新昌县城关镇竹业生产自救小组,从此新昌竹编在党和政府的重视下逐步发展。1958年新昌县城关镇竹业生产自救小组改名为新昌县工艺竹编厂,1997年转制,成立浙江省新昌县佳艺实业有限公司。60多年来,公司广大竹编艺人继承传统技艺,不仅创制了各种篮、盘、瓶、罐、盒、箱等实用性较强的竹编工艺品,还创作了观赏和艺术并举的竹编动物、人物、仿古建筑等大型、高档艺术精品。《老寿星》《孔雀开屏》分别获原轻工部"中国工艺美术百花奖"中的优秀创作设计一、二等奖,《老寿星》同时获"希望杯"奖;竹编精品《天坛》参加在美国洛杉矶举行的中国浙江省工艺品展览会,被当地媒体和各界人士誉为"东方珍宝""世上精品",作品收藏于美国洛杉矶。20世纪80—90年代,新昌竹编与嵊州、东阳齐名,列全国同行之首。

在新昌竹编发展的过程中,涌现出一代又一代优秀的竹编艺人。佳艺公司竹编艺人杨建善师傅传吕梅芳、屠根芹、刘伯忠;许尚传师傅传刘维、俞中康、俞伟星、俞林凤、俞月凤;潘金华师傅传舒欢荣;杨海千师傅传赵学初、俞青燕、郑敏华、陈焕苗、赵卓春、陈新奎;刘国才师傅传陈炎祥。其中代表性竹编艺人有刘国才、王炎法、陈炎祥等,新昌竹编就是这样以代代相传的方式延续着它的传奇。一根根竹篾、一根根竹丝经过一代又一代能工巧匠的手,就被编织成各种既美观又实用的生活用品,甚至还能够编织出形态各异、出神入化的各种艺术品。

人们创造了艺术,艺术陶冶了人们的情操。新昌竹编工艺就是一项源于生活,高于生活,并给人以美的想象和启迪的民间工艺,是人们适应自然、改造自然、创造生活的结晶。

（刊登于 2013 年 5 月 28 日《今日新昌》）

市级非物质文化遗产——真君殿庙会

　　逶迤俊秀的沃洲山,碧波荡漾的沃洲湖,古色古香的真君殿,万头攒动的人群,细腻溜滑的芋饺,香脆可口的小京生,口味各异的各色糕点,目连戏、莲子行等独具地域特色的民间文艺表演,五颜六色的服装……在此起彼伏的吆喝声中,真君殿庙会正在热热闹闹地进行。真君殿庙会,是因真君殿(又名石真人庙)的建立而形成的。真君殿建于宋末,坐落于新昌沃洲山。庙分大殿、中殿、夫人殿、观音殿、千佛殿、财神殿等。另设山门、戏台、仪门、小山门、念佛堂、地庄寺及放生池等。山门外有约 200平方米的广场。大殿内塑有抗金名将宗泽像。

　　在《新昌县志》中还记载了皇帝赐名"真君殿"一说。

　　据说南宋时石氏始祖亦朝公由扬州水路回新昌,途中有一红色浮石随船而行,石氏甚感神异,捞起见其略具人形,就带回家乡沃洲置真觉寺内。小沙弥用以拄大门,次日清晨发现红石与伽蓝菩萨换位,寺僧惧惊,又丢于寺后蝴蝶山中。自此附近一带庄稼不遭兽害。乡民就修蝴蝶庵供奉红石。未几,红石不见,后在沃洲山荆棘丛中找到,乡民就在该处造寺庙,名"石真人庙",尊之为"游石化身神",俗呼"石老将军"。某年,临安皇宫失火,皇帝见一红脸大汉用竹篮打水扑火,问其姓名住址,自言臣宗泽救驾,现住新昌沃洲山。后来皇帝降旨追封其为"九天司命真君大帝",重修石真人庙,赐名"真君殿"。

自此以后,沃洲山附近乡民以农历十月十三至十五日三天为迎神赛会,每年举行。大赛会五年一次,分坐迎、出迎两种,会前由"神"决定。若出迎,庞大队伍绵延到达新昌县城,知县也要出衙迎接,沿途村庄,烧茶煮粥,供会班饮用。赛会由十三堡分六柱轮流主持,参加迎神会的会班,分两大系统,一曰"三川",二曰"鳌峰"。邻近的天台、宁海、奉化、嵊州、东阳、磐安等县市部分乡、村亦有会班前来参加,与会者达十万人之多。

　　迎神赛会会场布置华丽壮观,殿前后,竖有 70 多杆大旗,最高的有十多丈,一般为四、五丈,色彩各异,迎风招展;仪门前有两个固定炮座,基础坚固,上置生铁巨炮三门,迎会开始,以鸣炮为号。

　　赛会的节目中,首先是校尉班,参加者达上千人,扮成不同文武司吏,手握铁链、手铐、竹竿、木棍不同武器,轮流上下跪拜呐喊,为神助威;其次是数十个舞龙队和 20 多队狮子班,还有高跷、翻船、马灯、回头拜、大头蝛、哑背疯、三十六行等。三十六行有 300 人参加表演,其中莲子行就有上百人,统一的乞丐相打扮,左手拎着竹制尺板,以领唱带群唱,边唱边舞,领唱者多是落第才子,现编现唱,见到什么就唱什么,有颂扬、鞭笞、规劝、咒骂等;另有十番、鼓亭、彩亭、甩丝弦、耍流星、抛翠瓶、抬阁、坐唱班、大旗会和小旗会等班会。扛抬大旗,要选派强汉负责,有的拉纤绳,有的支撑杆,有的抬脚,上山下坡,登山涉水,均须保持旗身竖直,旗竖人在,旗走人走。沃洲山上,除漫山遍野插遍彩旗外,还临时摆起不少小吃摊、糖果糕点摊、简易饭店、面馆、茶食、酒馆及一些销售生活必需品的摊点。

　　在赛会期间,必邀请县内最好的戏班在殿内戏台通宵演出传统大戏和一些目连戏如《男吊》《女吊》《闹判官》《调无常》等。

真君殿庙会在中华人民共和国成立后曾一度停止,于1993年恢复至今。从2000年开始,新昌县政府有关部门和大市聚镇政府对真君殿庙会活动在治安维护和民间艺术展演等方面进行策划和指导,使庙会的举办环境更安全,气氛更热闹。

(刊登于 2013 年 9 月 3 日《今日新昌》)

市级非物质文化遗产——新昌梁氏针灸疗法

　　针灸医师梁桢先生在新昌可谓家喻户晓,梁医师原名梁法祥,于1916年出生于大市聚镇姚卜丁村,16岁开始当教师,数年后投笔从戎,参加新四军,从事地下工作,因革命工作的需要,改名字为"梁桢"。多年颠沛流离、艰辛无比的革命工作,使他身体落下病根。一次在外大坑村一座佛堂修养之时偶遇锦阳师父等高僧,畅谈之时了解到几位师父都是懂医术之人,于是萌生了学医的想法,一能解自己之症,二能治他人之疾。于是疗养期间熟读了中医各大经典著作,并跟从几位师父学习经验,果真治好了自己的病,还为很多亲邻医治。中华人民共和国成立初期从政,政府委以重任,本来已经尘埃落定,然而遭遇"反右"运动,梁桢含冤入狱。这成为他一生中最大的打击。所谓绝处逢生,他在宁波狱中巧遇曾纪瑞师父,得知其为有名的针灸医师,终于坚定了自己从医的志愿。他化悲愤为力量,几经磨难,学成医术而归,成为一名优秀的针灸医师,同时也成为"新昌梁氏针灸疗法"的创始人。"新昌梁氏针灸疗法"于今年年初被绍兴市人民政府列入第五批市非物质文化遗产名录。

　　回到家乡新昌以后,梁桢先后在大市聚卫生院、新康医院、三坑卫生院、新昌中医院等单位工作,培养赤脚医生几十名,带学徒十几名,退休后直至逝世前的几十年间为来访患者免费治疗,分文不取,90多岁高龄依旧耳目聪慧,为上门来的病人扎针施灸,医术医德得到老百姓的广泛赞扬。

梁桢医师汲取了显华、锦阳、纪瑞等师父各家之长,独创了一套梁氏针灸理论体系,概括起来就是"一针、二灸、三膏药"。针就是以针刺经验穴位疏通经脉。灸就是以艾灸温通,祛除病邪。膏药是灸法的必要辅助,起到无菌性化脓免疫治疗的作用。其中核心是灸法。灸法治病在中国有悠久的历史,《说文解字》:"灸,灼也,从火,久声。"《灵枢·官能》:"针所不为,灸之所宜。"灸法具有温阳起陷、行气活血的作用,多用于阳气衰弱、沉寒痼冷等疾患。灸法,是以艾叶等可燃材料或其他热源在腧穴或病变部位进行烧灼、温烤,以起到温通经络、调和气血、扶正祛邪作用的医疗保健方法,是针灸疗法的重要组成部分。艾叶用于治病至少有2000多年的历史了。至少在春秋战国时期,中国人就开始使用灸法了。

中华人民共和国成立前后的一段时间,新昌大佛寺内的几位名僧一直用灸法为附近百姓解除病痛,新昌西山庵显华师父以化脓灸治疗许多顽疾,声名远播,求诊者往来云集,僧人曾纪瑞师父和张锦阳师父师从于她,并将其化脓灸法尽数传承,在新昌大佛寺行医济世,许多大病重病灸治而愈,深得人心。梁桢医师尽得几位师父灸法之精髓,运用传统中医针灸理论加以融会贯通,通过临床的实践积累,逐渐形成一套独特的梁氏针灸疗法,疗效日趋完善。他曾被评为绍兴市名中医,名声远扬,不但临近区县前来就治,安徽、湖南等其他省市也有患者纷纷前来。梁桢之女梁德斐,继承父业,得到父亲真传并在父辈的基础上不断创新,到北京、山西、南昌等各处求学,汲取各家之长,终于形成一套以麦粒灸、隔物灸、温灸、新九针为基础的创新疗法,针灸并用的治疗体系。梁德斐之女潘良传承祖业,现就职于西湖景区医院针灸科。梁氏一家是为"针灸世家",几代人致力于针灸事业,并立志将珍贵的梁氏针灸理论体系、独特的化脓灸法和家族的临床经验完整地保存和延续。

"新昌梁氏针灸疗法"传承历代针灸之精髓,对许多疑难杂症均有祛除病根,力如拔山之效。"新昌梁氏针灸疗法"是以直接灸、化脓灸为主要治疗手法,在保持这种传统方法的基础上吸纳温和灸、温针灸、铺灸、隔物灸、天灸等灸治方法,结合针刺、拔罐,有效治疗颈椎病、肩周炎、骨质增生、腰椎间盘突出、坐骨神经痛、面瘫及各类神经损伤后遗症,眩晕、前列腺炎、耳聋、病毒性角膜炎及许多专科病。通过共同努力,梁氏针灸三代人进行了全面的临床总结,坚持诊病明确,辨证施治,取穴精确,以灸治为特色,结合针刺、拔罐、膏药,尽力做到诊疗时痛苦少,收效快,治愈率高。

为使这一宝贵的医疗技术不失传,梁氏一家做了许多工作。梁桢先生和梁德斐医师于20世纪80年代培训全县各乡镇医院骨干11名,20世纪80至90年代师带徒培养学生12名,并带教多批次大专院校学生实习,传授梁氏针灸。现有潘亚英、岳艳、吕林燕、王军霞、潘良、俞洪、俞金娣等多名学徒、传人在杭州、新昌、宁波、绍兴等地开展以梁氏针灸疗法为主要技术的医疗活动。因此,梁德斐医师也被绍兴市文广新局认定为传统医药"新昌梁氏针灸疗法"的代表性传承人。现在,新昌中医院针灸科、梁德斐中医诊所是"新昌梁氏针灸疗法"的保护和推广基地。

(刊登于 2013 年 4 月 23 日《今日新昌》)

市级非物质文化遗产——二胡制作技艺

　　"琴者,心也"大意说的是在广阔天地中,抚琴人以德以琴演绎动如和风、形如流水的雅乐。吹箫抚琴、吟诗作画、登高远游、对酒当歌自古就是文人雅士生活的生动写照。抚琴赏乐的境界其实就是艺术的境界,即使心灵和宇宙净化,又使心灵和宇宙深化,使人在超脱的胸襟里体味到宇宙的深邃。

　　汉唐以来文学艺术发展颇为繁荣,促进了琴乐流传。中国古代社会在漫长的历史阶段中形成了"琴、棋、书、画"四大并称的技艺,被视为文人雅士修身养性的必由之径。唐末琴家曹柔深入钻研古曲谱,将文字谱改进为减字谱,并立论著书,阐扬乐理,更对演奏技巧予以提升,形成了独特风格。

　　二胡是民族乐器家族中主要的弓弦乐器之一。二胡从胡琴发展而来,是中国的古典乐器,始于唐朝,已有 1000 多年的历史。它最早发源于我国古代北部地区的一个少数民族,那时叫"奚琴"。过去它主要流行于长江中下游一带,所以又称南胡。二胡是我国独具魅力的拉弦乐器。二胡按音质和造型分为北派、南派和苏派。新昌二胡融合苏派和南派、综合三派所长,音色洪亮浑厚丰满,既具有江南水乡的婉约与甜美,又不失北派二胡的清晰与明亮。它既适宜表现深沉、悲凄的内容,也能描写气势壮观的意境,音色接近人声,具有很高的情感表现力。如今,二胡是中国民族乐器及江南丝竹的代表,在独奏、民族器乐合奏及地方戏曲、说唱音乐中占有重要地位。

二胡在外观工艺上讲究精细古朴又不失雅致的雕饰,凸显越地丝竹文化的人文情调,同时对手工方面的要求也极其严格。尽管二胡的构造比较简单,由琴筒、琴杆、琴皮、弦轴、琴弦、千斤、琴马和琴弓等组成,但制作工艺讲究,从选材、开料、制作、蒙皮、雕刻、打磨到调音等,前后要经过 100 多道工序,而且很多工序必须由手工制作来完成。工序主要包括:一是选材。要制作一把好琴,关键是选材。在制作琴身的材料上,最受青睐的是明清时代的旧料和印度的小叶紫檀或红木等高档的老旧名贵木材,以提高琴杆的稳定性和琴筒的共鸣音质。二是开料。根据木材的纹理、稳定性及节约用料的原则进行开料。三是制作。对开好的二胡套料使用各类专用工具进行机械、手工多道工序的加工制作。四是装配。对加工好的各二胡部件进行总装,调整好精密度后再重新进行琴筒、琴杆分离管理。五是蒙皮。蒙盖在琴筒上的蟒皮的选择非常重要,蟒皮的花纹、厚度都会对音质产生影响,制作师最强调的就是因材施艺。一张蟒皮四五米长,但最好的只有尾部一段,适合做精品琴的蟒皮往往是几百张里都选不到一张好皮料。六是雕刻。主要是琴头和琴筒的雕饰加工,增加二胡外形的美感和提升二胡的艺术价值。七是打磨。分手工打磨和机械打磨两道工序完成。八是各部件总装。通过上述八个步骤,一把二胡就制作完毕了。显而易见,制作一把高质量的二胡不仅需要昂贵的成本,更需要制琴者全身心的投入及高超独到的技艺。果不其然,据新昌县双明民族乐器厂负责人、国际二胡制琴大师俞开明介绍,制作一把精品二胡需要成本18 万元左右,每年制作成功的精品胡琴只有 50 把。

20 多年来,二胡传统制作工艺在新昌得到很好的传承和发展,通过前辈制作大师悉心指导和新一代制作大师的潜心钻研,较好地传承和发展了二胡传统制作技艺。2014 年 4 月,中国民族器乐学会在新昌县双明民族乐器厂成立了二胡制作工艺研发基地,这将为今后二胡制作技术传承、发展和行业标准的研究、制订发挥重要作用。随着社会的发展及现代生产方式的转变,年轻一代愿意从事手工制作行业的人越来越少,能专业从事二胡制作的艺人就更少,整个浙江省能制作专业级二胡的工厂只在新昌有一家。中国老一辈制琴大师逐渐过世或年事已高,也会给二胡制作业带来不可估量的损失。如果现在不保护,那二胡制作技艺在浙江就有面临消亡的危险。因此,抢救和保护二胡制作技艺已迫在眉睫。

(刊登于 2014 年 5 月 20 日《今日新昌》)

市级非物质文化遗产——新昌郑氏中医肝胆科

　　中国医学伦理的四个理念为:医乃仁术,生命至贵,大医精诚,智圆行方。新昌市级非物质文化遗产传统医药——新昌郑氏中医肝胆科的行医宗旨就完全契合了上述四个理念。新昌郑氏中医肝胆科历经父、子、孙三代的百年传承,怀揣"医者父母心"的济世情怀,运用传统中医中药方法,经过不断提炼、总结,特别是经过第三代传人郑黎明的不断探索和实践,发展和完善了中医中药治疗肝胆疾病的一些新技术和方法,治疗水平不断提高,疾病治愈率和好转率大幅提升,已得到业界的一致认可,群众中也有较好口碑。

　　新昌郑氏中医肝胆科创建于新昌回山镇官塘村。祖父郑宝仁,自幼随父习拳练武,擅用民间草药治疗常见病。后因祖母患肝病,一边苦研医书,一边又寻访名医,自己上山采药,终于研制出治疗肝病验方三草汤:金钱草、乌韭草、凤尾草。祖母的肝病治好了,祖父也以善治肝病出名了。祖父对来诊者施医送药,分文不取,这在乡间是有口皆碑。

　　父亲郑玉麒其实是一生执教,由于迷恋祖传的医术,1995年从教师一职退休后,正式成为新昌城南乡卫生院的专科医师,专治肝病。郑玉麒20世纪50年代末曾求学杭城,就读于杭州电子专科学校。那时,乡贤潘国贤教授授业于杭城,郑玉麒随潘老侍诊抄方,业余时间认真学习中医书籍。潘老为郑玉麒的诚心所感动,言传身教,倾囊相授,使郑玉麒受益匪浅,为日后从医打下了坚实的基础。后因国家困难,回乡支农。临别时,潘老送上一箱医学书籍及针灸器械。郑玉麒边教书边学习,1969年参加县赤脚医生培训,在村里办合作医疗,在祖传草药方的基础上,又创制了不少行之有效的验方。1995年正式从医后,创立了新昌县城南卫生院肝病专科,每日门诊六七十人次。1997年,时任卫生部部长的张文康先生为该科题词:"为人民健康服务。"1998年9月25日《绍兴晚报》以"郑玉麒三十年业余医生转正"为题做了专题报道。

第三代传人孙子郑黎明,自幼受祖、父二代影响,热爱医学。郑黎明曾在绍兴卫校学习西医四年,1999年再入北京中医进修学院学习中医3年,并一直随父临诊。2004年5月,参加关幼波肝病高级研修班。2006年5月,参加全国名老中医治疗疑难病经验高级专修班。2012年,参加国医大师周仲瑛辨治疑难病经验传承班、中西医结合防治肝癌临床诊治新进展学习班。通过在高校里的不断进修,再加上其父亲手把手地指导,郑黎明开展了中医中药抗肝纤维化、抗病毒、防耐药、抗肝癌及肝胆结石、胆囊炎、肝癌癌前病变、肝肿瘤等疾病的临床治疗研究。郑黎明在临床工作中善于总结,勇于创新,在祖、父二代基础上进行提炼和提升,创设了一套治疗肝胆疾病行之有效的中医方法。他积极撰写学术论文,已在省级以上杂志发表专业论文30多篇,并积极参加各类学术会议和学术团体。2009年3月,中国中医科学院副院长张瑞祥教授为其题词:"传承郑氏医术精华,弘扬中医悠久文化。"郑黎明现为中华中医药学会会员、中国抗癌学会会员、中国针灸学会会员,2008年10月被评为"首届全国民间名中医"，《民族医药报》推荐其为"有专长的民族民间医生"。

随着经济社会的快速发展，人民物质生活水平日益提高，肝胆疾病已成为最常见的疾病之一，西医西药对肝胆疾病有一定的治疗作用，但疗程长、疗效低、易变异、易耐药、费用高等缺点也比较突出，而郑氏中医肝胆科开展的中医中药治疗肝胆疾病的方法能有效弥补上述缺点，疗效好、费用低，深受广大患者的欢迎。新昌郑氏中医肝胆科先在城南乡挂帘山村开诊所，现在又搬迁到七星街道耿基市场，不管搬到哪里，诊所里总是门庭若市，天台、杭州甚至全国各地的患者都慕名前来，满意而归。郑玉麒曾说过："看到病人痊愈，我心里特舒坦，这也许便是人生价值所在吧！"

（刊登于 2014 年 5 月 13 日《今日新昌》）

县级非物质文化遗产——炒米糕

　　我们新昌是山区小县,但风光旖旎、人杰地灵,早在商代以前,就有人类繁衍生息。一代又一代勤劳淳朴的新昌人民在悠久的历史长河中,孕育和积淀了许多萌发于民间、又传承于民间的文化遗产,这些遗产一直悄无声息地滋润着我们的精神家园。这些文化遗产中,其中有许多与饮食文化相关。浓郁的饮食文化就催生了许许多多新昌风味小吃,炒米糕就是其中的一种。

　　炒米糕两圆相连故又名连环糕,又好似一个横放的数字8,因此也有叫"8字糕",它是200年前人们从粢糕得到启迪,改变发展而成的,至今已有150多年的生产历史。新昌质量最优的炒米糕产地在儒岙。尤其在中华人民共和国成立以后,传承人潘良余经过认真琢磨,工艺水平得到提高,炒米糕的质量和功效就更上一层台阶。

　　据介绍,制作炒米糕分六个步骤:一是取材。选用在高山上生长期长、不施化肥农药,只施农家肥,糯性好,香气浓郁的竹丝糯、柯香糯等优良糯稻品种的整粒绵白米,同时还要优质的桂花汁和薄荷汁当配料。二是淘洗米。糯米用洁净清水冲洗使其洁白干净,晾干待炒。三是炒米。要用铁沙做传热的拌炒物,这样能使米热得快,内外热得均匀不生不焦。炒到糯米外皮淡黄,内心发胖即可出锅。把米和铁砂一并铲在铁筛里筛下铁砂,把炒米倒在团匾里冷却,这样反复炒。四是磨粉。把冷却的炒米趁酥倒在石磨里用人工磨成粉,经绢筛筛过待用。五是拌料。按米粉一份、绵白糖(不能用砂糖)一份与适量的桂花汁、薄荷汁等在拌板上拌和均匀,直到手捏成团不沾手,落在拌板上就散开。六是制糕。先撒少许燥米粉在模型里,再将拌匀的米粉筛满模子,压实划平,翻转模板,用小锤轻击模板数下,雪白的炒米糕就脱模制成。

　　炒米糕具有形状美观、颜色诱人、挺而不实、松而不散、凉爽可口、富有营养等特点,还极容易消化,接触唾液就会融化;还有疏散风热、透疹、健脾胃等多种功效,历来是人们探望麻疹、痘疹儿童选送的唯一食品,也是馈赠老人的首选营养佳品。蒋介石在幼年时和下野回奉化溪口老家时,曾多次吃过炒米糕,赞扬炒米糕是南方茶食佳品。民国二十三年(1934),在天津采购白术的英国商人,在品尝了白术销售商带去的儒岙炒米糕后,啧啧称赞它是"少有的风味食品",还特别嘱咐新昌的白术销售商从儒岙代购炒米糕带回英国,以作为赠送至亲好友的珍贵礼品。新昌那些远离祖国的海外游子和港澳台同胞返回故里探亲时,也总要买十几斤炒米糕带回去供亲友分食,以慰思乡之苦。故炒米糕早在民国时期就声誉远扬。

(刊登于 2013 年 8 月 27 日《今日新昌》)

县级非物质文化遗产——澄潭手工汤包制作技艺

在传统端午佳节，许多地方的人们是吃粽子过节的，而在我们新昌，却很少有人吃粽子，而大多是吃汤包（即馄饨），这为新昌特殊习俗。据《新昌县志》记载，原来，新昌人以前过节也吃粽子，有"吃过端午粽，还要冻三冻"之谚。但相传明朝年间新昌连年干旱，百姓要求赦免钱粮，钦差来查，恰逢端午，县官通知各家都吃面片汤过节，遂获准赦免钱粮，端午节也由此改吃汤包。这习俗就沿袭至今，一直未改。

说起新昌汤包，最有名的要数澄潭手工汤包，其特点是皮薄透明，肉鲜味美，因为皮子很薄，肉馅又比较多，因此从包好的汤包外面能清晰地看到肉的鲜红。看起来吹弹即破，让人垂涎三尺。如果有机会去澄潭古镇，走走石头砌就的古街，看看老街两旁砖木结构历经百年的老屋，再来碗热气腾腾香气扑鼻的汤包，那滋味真像是穿越时空隧道，回到了优哉游哉的古代，真一个"美"字了得。

澄潭汤包味美，操作看似也不难，也是在面粉里加适量的水、碱，再和成面团，擀成薄皮，切成小方片。在这个过程中，擀皮是个技术活，因为这皮要擀得相当薄，且又有韧性，机器是无论多先进，也达不到这个要求的。擀好皮后，接下去是做馅。选择上好的新鲜猪肉，用最原始的方法手工剁成碎茸，配以葱、盐、味精等,再将馅裹入汤包皮子内,包起来。最后一步就是煮,锅内烧好沸水,将包好的小馄饨下入沸水中煮几分钟,再放入紫菜、虾皮、葱等佐料,捞出后装在碗中即可。

澄潭手工汤包多数为肉馅。但现代人讲究多样吃法,汤包馅也丰富多样,还有蒲瓜、豆腐干、葱头等,切成细末,用油一炒,芡上山粉,美其名曰"素汤包"。倘若加上一些肉末,就谓"荤素汤包"。又别出心裁地做出菜干汤包、笋干汤包等,真是名目繁多,风味别异。汤包不仅可以煮着吃,还可以蒸着吃、油炸吃,全凭吃者的口味。以前,汤包只在端午节当天吃,现在生活条件好了,随便什么时候,想吃就可以吃到。只是手工制作的汤包,要到澄潭古街才能吃到。

在经济全球化和工艺现代化的冲击下,各种汤包制作机器层出不穷,澄潭手工汤包这一传统技艺传承人越来越少。手工制作传统小吃的经济效益不如流水线作业所产生的经济效益,很少有人再选择学习传统手工汤包制作技艺。澄潭镇原来有多位手工汤包师傅,但如今,多数已故。现在,胡胜英和张乜燕两位传承人分别在澄潭老街 76 号和澄潭中街 108 号开了澄潭汤包店,传承着古老的手工技艺。

(刊登于 2013 年 8 月 20 日《今日新昌》)

县级非物质文化遗产——澄潭香干的制作技艺

　　距新昌县城西 12 公里的澄潭，为新昌县除县城外第一大市镇。地处澄潭江畔河谷盆，依山傍水，风景秀丽。全村南北长而东西窄，地势平坦，为县内古村落之一，距今已有 1500 多年历史，故素有"千年古镇"之称。

　　镇内有一古街，位于集镇中心，长约 1000 米，宽近 4 米，建于宋朝初年，是历史上有名的集文化、经济于一身的特色老街。老街两旁民居基本上是砖木结构百年以上的老房。古街有武庙、文昌阁及长春禅院，迄今尚存。街上还有清朝康乾盛世的祠堂古庙、太平天国之后建造的四合院等。

　　澄潭镇从清末起开始设集市。农历每月三、六、九日为集市日，每年九月二十八日为庙会。20 世纪 20 年代前后，已开辟有小猪行、竹木行、柴炭行 3 个专业市场。外地客商前来设店经营，先后开设酒坊、染坊、水作坊。20 世纪 30 年代，又改农历单日为集市日。当时的澄潭集市已闻名遐迩，为县内蚕茧、茶叶、烟叶、竹木等农副产品主要集散地。来此赶集的有方圆 50 里远近的本县及邻县村民。每逢庙会或集市日，镜岭、回山及嵊县、天台、磐安、东阳等邻近县(市)的 10 多个乡镇的村民都前来赶集，日交易人数逾万人。

　　澄潭古镇文化积淀深厚，老祖宗传下的土特产也很多，外地来澄潭者返程时总要带去一些澄潭产的糕点茶食和豆制品等土特产,作为馈赠亲友的礼品。在众多的澄潭土特产中,澄潭香干就是其中的一味。澄潭香干醇香浓郁,口感滑润,韧性好,切细丝不碎。

澄潭香干的制作已有100多年的历史,澄潭镇东街村吕海珍(1926年2月出生)的丈夫胡生发(已故),是澄潭香干制作的传人。据吕海珍说,其丈夫七八岁时,家贫,父亲神志不清,母子俩相依为命。丈夫的师父张生火(澄潭镇南街村人,已故)之父母见他可怜,就让他母子住其家做点杂务,混口饭吃。其丈夫就给师父家烧谷糠(以前谷糠便宜,用此作燃料)。天长日久的熏陶,师父的指点,加上自己的刻苦钻研,其丈夫长大后也能做得一手好豆腐,尤其出名的是香干。搞合作经济时,其丈夫就去澄潭合作商店工作,专做豆制品。后来响应毛主席提倡的"青年要面向农村四方"的号召,两夫妻就到莒溪合作商店做豆腐,一干就是8年。合作商店散伙后,重新回到澄潭,开了家个体商店。20世纪70年代,其丈夫曾代表澄潭去嵊州比赛,其香干制作工艺与质量受到同仁的一致好评。

据吕海珍介绍,澄潭香干的制作流程是这样的:第一步是"浸豆"。取干豆若干颗,放于容器内,倒上若干水,约浸一天,使豆充分泡胀。第二步"洗净"。将充分泡胀的豆取出,挑拣小石子、烂石等,然后将豆洗干净。第三步"磨制"。用磨(以前用石磨,现在一般用机器磨)将洗净之豆磨细,变成豆浆和豆渣。第四步"烧浆"。将豆浆和豆渣一起放入锅中煮,直到沸腾。第五步"摇浆"。舀出沸腾的豆浆和豆渣,一起放入豆腐袋,慢慢沥出豆浆。第六步"点浆"。豆浆温度冷却到七八十度时,放入卤水(盐水结晶)和石膏,并将之拌匀,豆浆就会慢慢凝固,成豆花状态。第七步"包制"。将豆花舀入豆腐架,待之成形后,用刀划成一块一块,再用香干布一块一块包住,放入两块豆腐板之间,板上压上重物,一般为石头,榨去多余的水。第八步"上色"。剥去香干布,放入有糖渍的锅中,加入适当的茴香和桂皮一起煮,香干自会慢慢变色。通过以上八个步骤,取出的上色过的香干就是成品了。

（刊登于 2013 年 11 月 19 日《今日新昌》）

县级非物质文化遗产——春饼

　　春饼,象征一元复始万象更新、吉祥欢乐,是新昌众多的风味小吃中较为独特的名品,如今已随着新昌后人的足迹而享誉海内外了。

　　春饼是口感上好、方便携带的干粮,西门外一带的人也称其为"饼筒",其制作方法也比较特别:先用水拌和面粉,并撒上适量的食盐,再用手反复揉拌。揉匀打透后,用手摘取一小撮粉团,放在灼热的平底锅(鏊盘)上画一个实心圆,稍烘片刻,就能揭下一张形如满月、薄如蝉翼、白中透黄、酥脆香美的薄饼。1斤面粉可以制作60—70张,2张称一叠,6张叫"一大"。吃时饼内卷入油饺、油豆腐、油条、臭豆腐干、冷豆腐、炒榨面、炒豆芽等,就独具风味了。如果以精肉、葱花为馅,可油炸成春卷,就成了又一道席上佳肴。

　　春饼摊点在新昌的城乡到处可以见到,一个遮阳棚,一个煤饼炉,炉上放一鏊盘,炉子的右边摆一个盛放面团的盆,左边再置放一个小煤饼炉,炉上放着油锅,锅里正煎着香喷喷的油饺,或者是吃着臭、闻着香的臭豆腐,这就构成了勤劳淳朴的新昌妇女养家糊口的营生场所,一日三餐,一年四季,风雨无阻,是新昌一道历久弥新的风景。新昌爱吃春饼的人很多,买春饼当早餐的更多。懒得做早饭时,带点零花钱,到春饼摊前,买"大"春饼就着豆浆吃,那就是一顿价廉物美的早餐。现在生活水平提高了,人们还喜欢在春饼里"打"个蛋,再卷上几只油饺或几块臭豆腐,价钱也不过 5 元。享受美味春饼的同时,就忍不住感叹做"新昌人"的好处了。

新昌人爱吃春饼,因为其方便、味美,也因其蕴含团圆之意。春饼可以久藏两三个月而不变质。所以即使现在,新昌人也喜欢在外出旅游时带上几斤春饼,当不习惯吃外地饮食,或者有些节俭的人舍不得买外地食品时,就拿出自带的春饼充饥。在外地工作的新昌人,喜欢在离家返程时,带上一点家乡的春饼,要么作为礼物赠送亲朋好友,要么可以当上一段时间的早餐,感觉又像回到家里一样。新昌旧俗,外出的人,以春饼寄托乡情,一旦收到家乡的春饼,就明白亲人在思念自己。故春饼还起着"信鸽"的作用。

（刊登于 2013 年 10 月 15 日《今日新昌》）

县级非物质文化遗产——天然芋饺

　　童年记忆里的春节至今还是那么令人向往:吃美食、穿新衣、贴春联、放鞭炮、走亲戚……是那样的喜庆和热闹。但最吸引当年小孩的还是过年时,家里有足够的吃食。这点对现在的孩子来说,可能难以理解,因为"吃"对他们来说,可能是件痛苦的事情,现在的孩子缺的不再是食物,而是玩耍的时间。但是我们的孩提时代,物质生活极度贫乏,饥肠辘辘是常有的事情。所以,几乎所有的小孩都盼望过年,因为,过年了,妈妈们总会准备足够的年货。

　　记忆中的春节,每当腊月廿三,即从灶司菩萨上天之日起,家家户户就忙开了。过去不像现在,只要有钱,任何食品都可以买到,在过去,即使有钱,也买不到必备的年货,所以各家各户的家庭主妇们只能亲手做,忙不过来时,家里的男人、孩子也要动手帮忙。那时节,虽然忙碌,但大家都忙得很开心,掸尘、裹棕、打肉冻、做麦虾、钳蛋卷、炒花生、爆米胖……除夕夜,年夜饭后守岁时,记得妈妈还要召集孩子们帮她一起裹芋饺。

　　新昌芋饺,现在美其名曰"天然芋饺",相传已有几百年历史。早在清朝乾隆年间,就已经成为新昌人的佐餐食品。如今,每到过年,家家户户都要包芋饺,以此招待客人,祝福所有人身体健康、年年有余。

　　新昌人裹芋饺,就像北方人包水饺。芋饺馅和饺子馅差不多,可根据个人口味自己调配,一般都是将瘦猪肉掺入适当精盐和味精剁成肉泥,即饺馅。芋饺的特色主要是在皮子,芋饺不用面粉而用淀粉,新昌人一般用番薯淀粉,不用清水用芋艿,故称芋饺。做芋饺时,先把饺馅准备好,把芋艿煮熟去皮。芋艿的用量要根据番薯淀粉的量来定,1斤粉大约配1斤芋艿。把去皮的芋艿一个一个慢慢加到粉里来和面,注意这个过程是最重要的,你不能把芋艿一起倒进粉里,只能一个一个加,而且在和面的过程中不能加水,不然就控制不了和面的程度。和面到成团,就可以用它来包馅了。粉成团以后摘一小团下来,把它搓成细长条,再把细长条分成一小个一小个的剂子,把剂子放在手里搓成圆,用双手一压就成皮子了,把馅包进去就可以了(做法和包饺子类似)。外形随便你自己包,传统的新昌芋饺是三角形的。煮芋饺和煮饺子一样,煮到它浮起再煮两三分钟就可以吃了,你会体会到和普通饺子完全不同的口感。芋饺吃起来韧、滑,富有弹性,令人回味无穷。值得一提的是,芋饺煮好以后,一定要连汤一起吃,不能把它从汤里捞出来吃,不然味道就逊色了。

芋饺这一手工制作的食品同春饼一样流传于新昌大地,源远流长,早已成为新昌一大特产。过去在农村,只有逢年过节时,才像北方人包水饺一样裹芋饺,那是一道难得的美食佳肴。外地人到新昌都喜欢吃点心店里的芋饺,吃了还想带,可是新鲜芋饺不好带,市场上也没得买,因此只得望芋饺兴叹。

新昌自古就是人杰地灵的地方,大市聚镇的竺谷清动起了脑筋,何不把芋饺做成速冻芋饺呢?于是筹措资金,组织人员,购买设备,于1998年创办了新昌县第一家芋饺厂,即天然食品公司。产品一投放市场,深受顾客欢迎,在上海、杭州、宁波等地十分畅销。并在新昌县城和外地开设了多家专卖店,成为当今新昌一大旅游产品。

（刊登于 2013 年 11 月 5 日《今日新昌》）

县级非物质文化遗产——青团的制作技艺

　　春回大地时节,杨柳风拂遍山野。经过一冬的沉睡,茵茵绿草破土而出,展现无限生机,这些惹人怜爱,养人眼球的绿色精灵,不仅给人带来春的信息,新的希望,还有许多可以供人食用,且味道极为鲜美。在物质生活极为贫乏的过去,春天一到,饿了一冬的穷人就不再挨饿了,遍地的野菜能帮助他们延续生存,这就是大自然无私的馈赠。在经济社会快速发展的今天,温饱已经不再是问题,但每当春风送暖的时候,人们趁空闲出外踏青之际,很喜欢结伴去山野采些自己心仪的野菜,如马兰头、野菊花、荠菜、艾青等,采回来后,做成各色美食,招呼亲朋好友品尝。在这些美食中,青团或者青饺就在其中,很受人们的青睐。

　　在我县巧英乡一带,青团作为清明节祭祖的重要食品而广为流传。据说,青团的特点是能存放三四天依旧不破、不裂、不变色、不变质。刚出笼的青团或青饺葱绿如碧玉、糯韧绵软、清香扑鼻,吃起来甜而不腻、肥而不腴,纯天然且绿色环保。在物质生活相当富足的当今,青团或青饺依然是人们喜爱的健康小吃。

　　在我们新昌,乡村里的人习惯做青团,城区的人们一般喜欢做青饺,但这只是成品的形状不一样,味道和做法却是大同小异,相差不大,一般都是分以下几步:第一步是先将从山野采来的艾青洗净,放进沸水里煮半熟,然后捞出、捣烂。第二步是把捣烂的艾青与自产的糯米粉一起揉拌,揉成碧绿色的团子皮。第三步是制作当馅的食料,如果做甜馅,那就把赤豆用慢火焖一晚上,再捞出去壳并脱掉水制成豆沙浆,然后将已经弄细腻的豆沙浆用猪油加糖翻炒,制成豆沙馅(也有用枣泥、玫瑰、芝麻等其他馅料的);如果做咸陷,那就把豆腐干、鲜笋、瘦肉、咸菜等切碎,加盐、猪油、酱油、老酒等佐料拌匀,制成咸馅料。第四步就是将准备好的甜馅料或咸馅料用青团子皮包起来,要么包成团状,要么包成饺子状,就成了青团或者青饺。第五步也就是最后一步,就是蒸,将做好的团子或饺子放进用粽叶垫底的蒸笼内蒸熟,出笼时用毛刷把熟菜油均匀地刷在团子或饺子的表面。这样美味可口的青团或青饺就完工了。

制作青团也是一项民间传统手工技艺,她从悠远的远古走来,还将伴随人们继续走下去,她给我们美味的同时,也承载了一种文化,一种记载着历史的食文化,供人们忆古谈今。

（刊登于 2013 年 10 月 29 日《今日新昌》）

县级非物质文化遗产——新昌风味小吃（一）

俗话说得好，"金窝银窝，不如自家草窝"。作为土生土长的新昌人，总觉得躲在山窝里的家乡特别好，有青山绿水，有淳朴民风，更有滋养一代代新昌人成长的各类风味小吃。新昌的风味小吃堪称一绝，或酸甜咸脆，或香糯松软……智慧的家乡先人为我们创造了丰富的美味小吃。有时离家久了，就特别怀念家乡的各色可口的风味小吃，它们就像一条条无形纽带，维系着离乡游子和家乡的感情。

现介绍部分新昌风味小吃：

一、小京生

小京生，俗称"小红毛花生"。相传在明清时被选为朝廷贡品，因此得名。1984 年，新昌小京生曾获全国炒食评比第一名，被列为"中华名特品种"之一，在省内外享有很高的知名度。小京生为新昌的传统特产，是全国稀有的炒食花生良种，粒满壳薄，果仁香而带甜，油而不腻，松脆爽口，色香味俱佳。新昌人有谚"常吃小京生，胜过滋补品，吃了小京生，天天不想荤"。小京生花生一般是炒吃，但与红枣、莲子一起熬煮成粥，也是考究的风味小吃。

二、春饼

春饼,象征一元复始万象更新、吉祥欢乐,是新昌食俗中独特的名品,享誉海内外。制作方法为:将面粉拌上水和少许盐,揉匀打透,摘取一小撮粉团,放在灼热的平底锅(鏊盘)上画一个实圆,稍烘片刻,就能揭下一张形如满月、薄如蝉翼、白中透黄、酥脆香美的薄饼。一斤面粉可制作60—70张,2张称一叠,6张称"一大"。吃时饼内卷入油饺、油豆腐、臭豆腐干、油条、炒豆芽等,就独具风味了。若以瘦肉、葱花为馅,可油炸成春卷,就成席上佳肴。新昌人爱吃春饼,因其方便、味美,也因其蕴含团圆之意。春饼可久藏两、三个月不变质。新昌旧俗,外出的人,以春饼寄托乡情,一旦收到家乡的春饼,就明白亲人在思念自己。故春饼还起到"信鸽"的作用。

三、米鸭蛋

立夏吃米鸭蛋,此风俗由奉化传入我县沙溪一带,有祈祷夏季平安、吉祥、如意之意。

立夏是一个比较隆重的节日,家家户户都要舂青(艾)麻糍,做米鸭蛋,里面用松花粉加米粉和糖做馅,其外形像鸭蛋。吃了麻糍和米鸭蛋,意味着夏天到了,有祈祷全家平安、健康之意。特别是小孩子,大人还为他们准备熟的鸡蛋、鸭蛋,用五色绣花线结成网袋,还同香袋一起挂在小孩的脖子上;又量量身高,称称体重,看比上一年长高了多少,体重增加了几斤。

四、青饺

青饺,用优质粳米、糯米淘净后磨成粉;再把采来的野生板青煮熟捣碎,与米粉揉和均匀,摘成小面团待用。另用豆沙配上猪板油、芝麻、核桃肉、金橘饼、白砂糖等做成馅。然后在小面团里裹进馅,做成形如鸳鸯的饺子,用蒸笼蒸熟,稍凉后即可食用。野生板青具有清凉排毒、清肝明目的功能。做成的青饺色泽碧绿,散发着阵阵清香,是色、香、味、形俱佳的时令食品,更是人们清明时节的首选点心。

五、糯米麻糍

糯米麻糍,将精制糯米蒸熟成饭粒,然后在石捣臼里捣烂成块状,放进由豇豆、芝麻、金橘饼、白砂糖合成的馅,包成圆柱形,按需切成小段即可食用,香甜可口。新昌城乡一般在清明时节,或是家里有喜事,如老人做寿、小孩闹周时,用糯米麻糍或糯米果分送邻里乡亲告喜。现在,也常有小贩制作麻糍出售。

六、重阳糕

重阳糕,系农历新昌重阳节的节令食品。制作方法为:用优质粳米、糯米配制后磨粉,蒸熟后加糖水揉均匀,放进定制的模子内,铺一层米粉,放一层馅料,约三至五层。馅料一般用核桃仁、松子肉、葡萄干、瓜子仁、金橘饼、板栗、青梅、莲子、豆沙、果酱、麻油等配制而成。新昌的重阳糕柔软可口、营养丰富,多吃不腻,是新昌山民在重阳节尊敬老人,表示孝心的佳美点心。

新昌的风味小吃很多很多,今天先介绍这几种。

(刊登于 2014 年 7 月 29 日《今日新昌》)

县级非物质文化遗产——新昌风味小吃（二）

做个土生土长的新昌人有诸多好处，不但可以欣赏如诗如画的秀美山水，还可以领略底蕴深厚的传统文化，更可以享受美味可口的各色风味小吃。

都说"民以食为天"，新昌先人在繁衍生息的漫长岁月里创造了斑斓多姿的"饮食文化"，在四季交替，岁月轮转的每一个节气里，都有相应的风味小吃与之对应，这说明我们的祖先对生活既充满了热爱，又富有文化创意。

天然芋饺

新昌的芋饺相传已有几百年历史。在清乾隆年间，就已经成为新昌城乡百姓的佐餐食品。

新昌的芋饺不同于北方的水饺，它不用面粉用淀粉，不用清水用芋艿。这一手工制作的食品如同新昌的"春饼"一样流传于新昌大地，源远流长，早已成为新昌一大特产。过去在农村逢年过节时，像北方人的水饺一样，芋饺是南方一道必备的美食佳肴。外地人到新昌都喜欢吃点心店里的芋饺，吃了还想带，可是新鲜芋饺不好带。新昌人自古就聪明，早在20世纪末就创办了芋饺厂，把芋饺做成速冻芋饺，产品一投放市场就深受顾客欢迎，在上海、杭州、宁波等地都十分畅销，并在县城和外地开设了多家专卖店，使之成为当下新昌的一大旅游特产。

糖麦饼

旧时代新昌人的中秋月饼,其实就是糖麦饼。中秋佳节一到,家家户户都做糖麦饼赏月庆祝团圆。家庭主妇们都是做糖麦饼的高手:先用开水浸泡面粉,再把面粉搅拌成粉团,再用短面棍将粉团滚成一张张大小如食用瓷盘大的圆饼(寓意为中秋夜空的月亮),在饼面上撒些熟芝麻、砂糖、金橘饼、熟花生末等一类的馅料,然后将圆面饼对折成半圆,压实边缘,摊在锅面烤熟即可。烤熟的糖麦饼可存放较长时间,不易生硬,家里有人跑远路,家庭主妇们经常会做些糖麦饼让远行的人带着作旅途点心,既方便又美味。

南瓜饼

夏天时节,家里种的南瓜熟了,妈妈们总要留几个老南瓜,备着做南瓜饼给孩子们解馋。做南瓜饼前,先将老南瓜切片蒸熟去皮,再放入水磨糯米粉中,拌和成粉团。然后将豇豆、细豆、核桃肉、芝麻等磨碎,揉和成馅,再添加适量的白砂糖。接着将馅裹进粉团里,压成饼状放到油锅上煎烤至熟即成香甜可口的南瓜饼,很受大人孩子们的喜爱。

米海茶

米海茶是新昌人春节待客惯用的饮料兼点心。春节期间上门走亲戚时,一进亲戚家门,热情的主妇们就会为你端上一碗又香又甜的米海茶,有时茶里还泡有金橘饼、蜜枣等附带食品,要你一直甜到心里。以前的春节,基本上家家户户都习惯用米海茶待客,现在,这种待客方法正在逐渐消失。

在春节即将到来时,家庭主妇会选饱满的新糯米洗净蒸熟,再晒干,压成扁米,新昌人习惯叫"米扁",然后将"米扁"在热锅里炒成"米胖",又叫"米海"。食用时,加上白糖、金橘饼、蜜枣等用开水冲泡,俗称"米海茶"。味道香甜,又解饥渴。

橡子豆腐

橡子豆腐是新昌山野最大众化而又最古老的冷饮。橡子豆腐,名曰"豆腐"。其实与豆类无关,正确地说,应该是"橡子做的凉粉"。橡子豆腐风味独特,观之如美玉凝脂,食之则柔嫩爽口,凉在清洁的井水或冰箱中的橡子豆腐,吃时放点白砂糖或者舀两勺蜂蜜,真是美味爽口,清心爽脑,是防暑降温的天然佳品。

夏天时节,擅长做橡子豆腐的阿姨们,会上山采摘一些颜色较深的橡子。摘回后再在太阳下晒 1—2 天,待橡子干燥后,剥去外壳,再在清水里浸泡 2 天。然后将浸泡后的橡子磨成粉,先用 1∶4 的比例和凉水搅拌均匀,慢慢倒入微沸的水中,一边倒一边搅拌稠糊的液体,倒在盛器里冷却后,就变成柔软的绿色晶体豆腐了。

(刊登于 2014 年 8 月 5 日《今日新昌》)

县级非物质文化遗产——新昌风味小吃（三）

　　地方风味小吃，其实就是一个地方的地域特色符号，其外形、口感、食材、营养价值等都在无言地反映着该地百姓的历史渊源、生活习惯、性格特征甚至价值取向等。譬如，同样是面食，北方人喜欢吃皮厚馅多的饺子，南方人则习惯吃皮薄馅少且带汤的馄饨。两种面食的差别就明显反映出南北人们不同的性格特征。此类例子多得不胜枚举，我们新昌的风味小吃就反映着我们新昌人特有的秉性。

年　糕

　　旧历年底，新昌城乡几乎家家户户都要做年糕，新昌方言把它叫作"岁糕"。

　　做年糕是把晚米用水浸透蒸熟，然后用石臼把熟米捣烂捣实，做好的年糕就像磨盘大小的巨大圆饼，新昌方言称为"一臼"，一臼年糕估计约有 10 多公斤，要吃时，切成一段一段的。这和绍兴、宁波一带的年糕明显不同，他们的年糕是用压板压出来的，比较软，形状也小，手掌大小，一条一条的。但新昌人都喜欢吃自己家乡风味的年糕，吃着有嚼劲。

　　农村里做年糕大都是放在水碓里做的，新昌多溪流，到处有水碓，做年糕期间，水碓日夜开工，水流声、石臼捣砸声、人们的欢笑声，合奏成一首生动的乡村交响曲。做年糕做饿了就随意摘取一撮正在加工的年糕(俗称"糕花")来吃。歇息时,还把糕花捏成元宝、狮子、小狗等形状拿回家去送给自家小孩。

食 花

旧时候的夏天,新昌有一种天然清凉食物,叫作"食花",颇受人们的喜爱。食花是用一种土名叫作"木莲"的植物果实做的,将果实中的种子取出,放在布口袋里并浸在水中搓擦,使它的浆液溶在水里慢慢凝成半透明的胶冻状的东西,这就称为食花。食用时就用勺子舀出,浇上醋、白糖水或蜂蜜等就可食用。

食花本身无味,加上糖水、蜂蜜或醋等佐料,喝起来就有一种独特的风味了。

冬至果

冬至果是用糯晚米粉加水揉成粉团,再摘成小个,包上豆沙馅,做成形状如石榴的果子,蒸熟后,在蒂头处稍微染点胭脂色而成。这就是旧时新昌常见的一种具有地方特色的风味食品。

冬至果,顾名思义,就是冬至时节吃的风味小吃。以前,每到冬至,家家户户就要祭祖,土话叫"做冬至"。隆重程度和"做忌日"相似,比"初一月半"(也要对祖宗敬香)隆重,而比"端午节、中秋节"等节要简单。在祭品中除鱼肉等供菜外,要加冬至果。冬至果外观粉白色,形状如荸荠,顶上点缀着红色的胭脂,样子很美观。祭祀后就把冬至果分给家人或来参加做冬至的亲戚们的孩子。但各姓祠堂在"做冬至"时则较隆重,祭祖仪式完毕后,各房子孙可分得一些冬至果。记得小时候,冬至果可是令人眼馋的食品,每次总要捧在手里观赏好一会儿,才舍得一口一口吃,那甜甜糯糯的感觉还一直留在记忆深处,不曾远去。

镙拉头

新昌的风味小吃之一镙拉头也是人们喜爱的吃食,镙拉头形状就如一张大春饼,但比春饼厚实,大约要比春饼厚三至四倍。具体的做法是在上白面粉中加入精盐、熟油等配料,拌以水,调成糊状,大约半小时后,用手或铁铲摄一粉团在烧红的铁锅中画上一个"大圆",烤熟即成酥松面食——镙拉头。用镙拉头裹以炒马兰头、炒豆芽、马铃薯等馅料,还可在面饼上打一个蛋,和面饼一起烤熟,再在蛋面饼上撒上葱花、虾皮、大蒜盐等佐料,然后涂上一层猪油,烤酥后,揭锅而起,卷起即食,真是一道别有风味的地方小吃。

酒酿丸子

酒酿丸子,又名白药酒汤圆,由元宵节吃汤圆演变而来。制作方法是这样的:将糯米粉加水揉拌,拌匀后搓成实心小丸子,加甜酒酿煮透,既有甜味又有酒香。现在的酒酿丸子在原来的基础上又有了点创新,就是在丸子中裹进豆沙、核桃肉、金橘饼、芝麻等馅料,这样一来,酒酿丸子变得更加美味。酒酿丸子是人们喜欢的吃食,是新昌民间招待嘉宾的特色点心。

一道道各具特色的风味小吃丰富着新昌传统文化的深刻内涵。"民以食为天",一个地方风味小吃就是代表该地的民俗风情的金字招牌。因此新昌风味小吃就代表着我们新昌一隅的民俗风情,既淳朴清新,又乐胃乐民。

(刊登于 2014 年 8 月 19 日《今日新昌》)

县级非物质文化遗产——倒笃菜腌制技艺

　　青山如黛、溪水如蓝的镜岭镇是全国环境优美乡镇,穿岩十九峰下村民世代相传的倒笃菜腌制技艺是县级非物质文化遗产,镜岭人用祖传办法腌制而成的倒笃菜色泽金黄、香咸可口、蒸炒皆可,且容易保存。倒笃菜下饭,能促进食欲,使人胃口大开,是农家乐饭店及村民餐桌上必不可少的佳肴之一。

　　在物质生活极度贫乏的过去,冬天储存菜蔬是个难题,勤劳智慧的古人总能想出办法,使家人安然过冬,腌制可长期存放不易变味的冬菜——倒笃菜,就是一个很好的例子。据乡人介绍,倒笃菜是基本采用九心菜或雪里蕻的脱水蔬菜,因制作方法独特,香咸可口,宜于下饭而备受大众喜爱。倒笃菜放入瓮内密封倒置,可保存半年之久而不变味,倒笃菜因此得名。

　　据悉,倒笃菜是这样腌制的:先是选取新鲜上好的九心菜或雪里蕻,去掉其老叶、黄叶和根须。接着用清水将备用的九心菜或雪里蕻洗净,再悬挂在通风的竹竿上晒 1—2 天,让菜先脱去一部分水分。脱水后,将菜切成长 0.6—0.7 厘米的段,放置到竹簟上在太阳下晒 1—2 天待腌制。然后将晒干的菜放到豆腐桶里准备腌制,以每 100 斤菜加盐 7.5 斤的比例进行腌制,方法是铺一层菜,加适量的盐,用木棒笃实,再铺一层菜,加适量的盐,再用木棒笃实,这样以此类推,层层腌制。隔 1—2 天进行第二次腌制。最后,准备好瓮等器具,把菜从豆腐桶中挖出,放到瓮中,每放一层菜都要尽力笃实,放满后,最后密封瓮口并倒置,一般三个月后即可食用。

在镜岭镇一带的农家乐餐馆里,厨师们把倒笃菜和青辣椒、瘦肉片等拌在一起放猛火上炒,出锅的倒笃菜颜色诱人、味道独特、香咸辣皆备,十分可口,往往使食客们饭量大增。

近年来,镜岭镇提出了深入实施"特色产业名镇、旅游休闲新镇、生态宜居城镇"战略,全镇的经济和社会产业得到了长足的发展,倒笃菜的加工腌制也成为农业特色产业之一,镜岭人腌制的倒笃菜销到宁波、上海等地,很受当地市民的欢迎,传统的文化资源优势已经转化为产业经济发展优势,这是件令人欣喜的好事。

(刊登于 2013 年 11 月 12 日《今日新昌》)

县级非物质文化遗产——豆瓣酱制作技艺

　　儿时的家乡农村是很热闹的,虽然物质生活清苦些,但留在记忆里的是一片温馨。可能是想节约点建房成本,那时候用泥巴筑就的农舍总是比屋连墙,往往是三五户人家东南西北地围绕同一个院子住着,院子是用鹅卵石砌成的,院子大门是用木板制成的,白天总是开着,晚上则由靠门最近的住户负责关好。记忆最深刻的是,当院子里铺满柔和的冬日暖阳时,天地间一片清朗,忙了一年的人们都会从各自的屋里走出,聚集在院子里的向阳处晒太阳,阳光下到处晒着被褥之类的东西,孩子们在被褥丛中捉迷藏,笑着、闹着;女人们则聚在一起做针线活,一般都是为家人赶制过年新衣、新鞋;男人们则在一旁角落里劈柴、码柴……从容祥和充满院子的每一个角落。

　　那时的农家院子里常栽着一些春天开花、夏季浓荫、秋天落叶、冬季透阳的果树,如杏树、梨树之类的,这些果树为农家传递着天地间的四季节气信息。每户人家的屋前都摆放一个七石缸,缸沿有一杆从中间剖开的竹子和屋顶瓦砻边的下雨水管相连,每逢下雨天,落到屋顶的雨水就顺着竹管潺潺地流到七石缸里。那时候,农村没有自来水,这满满一缸的天落水可以为各家各户提供必要的生活用水,或洗菜或洗米,都可以。不下雨时,缸上则有遮盖物盖着,怕灰尘之类东西掉进去。而到每年盛夏时节,家庭主妇们会在这个盛天落水的七石缸上放上磨架,因为磨架上要放盖着荷叶的酱缸。酱缸里就存放着自家做的豆瓣酱,这豆瓣酱是农家夏日里的主要下饭菜。

酱是以前农村食用较多的一种菜,几乎家家户户都要做,具有十分悠久的历史。现在随着经济社会的快速发展,农民的生活水平越来越高了,自己动手做酱的人家也变得越来越少了。只有某些对豆瓣酱情有独钟的人,还依然保留做酱的习惯,并把它当作饭桌上必不可少的一盘菜。

据澄潭镇泄下村村民孔清余介绍,豆瓣酱的制作过程是这样的:将适量的黄豆收拾干净、去壳,在96℃—100℃的沸水中煮一分钟,捞出放入冷水中降温,淘去碎渣,浸泡三至四分钟,然后捞出豆瓣拌进面粉。其中,黄豆和面粉的数量没有严格的规定,一般黄豆多放点,而面粉少放点,因为黄豆数量越多,做出的酱味道会更好。豆瓣和面粉拌匀后摊放在簸箕内入发酵室进行发酵,控温在40℃左右。经过六至七天长出黄霉,初发酵即告完成。再将长霉的豆瓣放进陶缸内,同时放进食盐若干斤,清水适量,混合均匀后进行翻晒。白天要翻缸,晚上露放,但注意要避免雨淋。这样经过40到50天,豆瓣变为红褐色,加进碾碎的辣椒末及剩下的盐,混合均匀,再经过3至5个月的贮存发酵,豆瓣酱方完全成熟。

因生活条件的逐步改善,现在很少吃那种原始的单用大豆、面粉等制作的豆瓣酱了。现在的酱也做得越来越多样并且好吃了,里面也放入了大量的配料,例如苹果酱、番茄酱等。从前主要是家庭制作并食用,现在却已经出现越来越多的做酱工厂了,做酱技艺又变成了一项非物质文化遗产。

（刊登于 2014 年 1 月 2 日《今日新昌》）

县级非物质文化遗产——红薯干制作技艺

　　红薯，又称地瓜、白薯、甘薯、番薯、红苕等，是一种药食兼用的健康食品，产于秘鲁、厄瓜多尔、墨西哥一带，16世纪末传入中国。勤劳且智慧的中国老百姓，早在清代就把红薯做成红薯干，其色泽鲜红、味道甜美、质地软韧。早在二三百年前，就驰名中外，成为清代贡品，清宫御厨还把红薯干制成宫廷宴席上的上乘名点——金如片。红薯含有膳食纤维、胡萝卜素、维生素A、维生素B、维生素C、维生素E及钾、铁、铜、硒、钙等10余种微量元素，营养价值很高，被营养学家们称为营养最均衡的保健食品。红薯含有大量膳食纤维，在肠道内无法被消化吸收，能刺激肠道，增强蠕动，通便排毒，尤其对老年性便秘有较好的疗效。

　　红薯在我们新昌种植时间久远，我们新昌人习惯叫番薯。新昌人制作红薯干也相当有年份，上了年纪的人基本上通晓其做法。记得儿时看外婆和母亲制作红薯干，程序较为烦琐，对之记忆尤深。要择个阳光明媚的日子，起个大早，一家人洗的洗，切的切，晒的晒。母亲把风干的番薯分批放到蒸笼里，先用大火蒸，再用小火慢慢炖，时间、火候都有讲究，尤须不急不躁。熟时，薯香满屋飘逸，我们慢慢懂得：蒸笼里除了番薯，分明还装满了滚烫的母爱，散发着浓浓的亲情。等蒸煮好、冷却后，再将番薯用刀切成一小块一小块。切好的番薯块，势必放在准备好的干净的竹篱上，扛到溪边朝阳的地方均匀地摆好，好不热闹。晒两三天水分稍干,翻转,再过六七天,干了,便可收藏,屯起来慢慢吃。

物以稀为贵,儿时没东西吃,大人只在喜事来临或过年时,才会变戏法似的掏出一些,让孩子们甜口养心。家有来客,捧上一捧红薯干,待客之道,中国之文化,亲切。离开时还会装上一些当回礼。墙根晒暖之时,看露天电影之刻,也可享用美味——回想起来,很是让人怀念……

上了年纪的新昌妇女基本上都通晓红薯干的做法。但是,年轻一辈只知道其味道好,好吃,却很少种植红薯(因为麻烦,又是农活,要留种、保存、育苗,这些看似简单,却都是技术活,现在年轻人都不感兴趣)。更不用说做红薯干了。针对此情况,新昌县大市聚大鹏食品厂十分重视其技艺的传承、保护和弘扬,到外地引进做红参薯干的特殊优良品种,进行育苗,发动当地群众种植红薯,以"企业—农户"的模式做订单农业,促成了当地农户把荒废的土地利用了起来,也产生了一定的社会效益。

据新昌县大市聚大鹏食品厂厂长程鹏介绍,红薯干的制作过程工序较为烦琐,首先要选红薯,应表面光滑,清洁不带杂,不干皱,并剔除有病虫害、冻伤、腐烂、霉变等严重缺陷的红薯。然后清洗削皮,再放在水池浸泡清洗一次。然后分大小上蒸笼蒸,蒸时注意火候,先猛火后小火,时间、火候都有讲究,尤须不急不躁,要给红薯自然糖化的过程。因为生红薯到熟红薯是淀粉酶发生变化,淀粉酶在常温下活性低,只能分解一部分淀粉酶,而在熟的时候温度升高达到淀粉酶的最适宜温度,淀粉酶被大量分解成葡萄糖,就甜了。蒸熟后的番薯要适当摊凉,再进行切块,为了让红薯干能味道均匀,切片时要尽量保持每一块大小厚度均匀。然后把摆放整齐的熟红薯推进烘房,在70℃至90℃的恒温下把水分烘干。干制时间必须在 12 小时以上。水分应控制到 20％以内。此时,半成品可出炉,红薯干已是色香味很好了,但是口感有点发硬,还要再次上蒸笼蒸。一些时间后,再次进烘房烘,烘至水气干时便可出炉。此时,味更香甜,颜色漂亮,看起来色如琥珀,金黄透亮;闻起来有一股诱人的香味。塞进嘴里吃起来软糯香甜,有嚼劲,筋道甘蜜可口,令人回味悠长。然后,待摊凉即可过称装袋了。

　　而今新昌县大市聚大鹏食品厂生产的红薯干拥有独特的品种与制作方法。它是用我们新昌大市聚周边这一片独特的土壤与地理环境培植的红心薯制作而成,形似红参、颜色似红参、营养价值高且有药用价值尤似红参,所以又称红参薯干。新昌大市聚周边等地土质松软,酸碱适中,气候适宜,很适合这种红心薯生长,有时一株能种出十多斤呢! 它留着自然的色泽和品质,颜色黄中透红,味道清香甘甜,质地柔软耐嚼,而且还有很高的保健和药用价值呢! 它是现代人每天不可或缺的休闲食品之一。

（刊登于 2014 年 6 月 24 日《今日新昌》）

县级非物质文化遗产——手工豆腐传统制作技艺

　　豆腐是我们汉族人民的传统豆制品,是由汉代时期炼丹家淮南王刘安发明的绿色健康食品。豆腐诞生于安徽六安市寿县与淮南市之间的八公山上,因此寿县又被称为豆腐的故乡。豆腐的诞生彻底改变了大豆的命运。豆腐让人体对大豆蛋白的吸收和利用,变得更加容易。豆腐柔软的特性给擅长烹饪的中国人留有极大的创造空间,豆腐也因此被制作出品类繁多的菜肴,以适应不同地区人们的口味和喜好。所有这些,让普通的大豆得到了升华。时至今日,豆腐已有2100多年的历史,深受我国人民、周边各国及世界人民的喜爱。发展至今,品种齐全,花样繁多,具有风味独特、制作工艺简单、食用方便的特点。豆腐高蛋白、低脂肪,具有降血压、降血脂、降胆固醇的功效,是生熟皆可、老幼皆宜、养性摄生、益寿延年的美食佳品。

　　豆腐的踪迹可谓遍及我们汉人居住的每一个角落,我县梅渚镇的手工豆腐的传统制作技艺还被纳入县第五批非物质文化遗产代表性名录,此举说明梅渚镇人民政府对非物质文化遗产保护的意识比较强。

　　新昌县梅渚镇是千年古镇,手工豆腐传统技艺始于宋末,在明清时已在乡间盛行,传统的手工豆腐作坊主要集中在梅渚镇梅渚村一带。梅渚古村始建于宋代,西邻澄潭江,新镜线从村前通过,是梅渚镇第一大村,旧村原貌未变,文化底蕴深厚。村内保留了宅前塘、更楼、庵堂、祠庙、民居、店铺等大量明、清、民国时期有价值的古建筑,其梁架用材硕大,楼阁轩敞,飞檐雕梁,窗格花纹,雕饰华丽,独具风格,堪称一座民间建筑雕刻艺术博物馆。目前,梅渚镇手工豆腐传统技艺老店就位于梅渚村的宅前塘更楼边,传承人在较狭小、陈旧的原古建筑中日复一日坚守着传统手工豆腐制造技艺。

梅渚镇手工制作的石膏豆腐,口感细腻、嫩滑,味道鲜美。卤水豆腐,又韧又香。豆腐技师保留了大部分以前手工传统做法,以辛勤的劳动、独特的技艺、优异的品质,赢得了良好的口碑,现在县城几大特色菜馆已经成为忠实的采购商。

梅渚豆腐能这样广受欢迎,关键取决于它选取原料的特殊、工具的特殊和工艺的特殊这三大特殊性。原料特殊分三方面,一是水的选择,俚语中有"豆腐是水做的"一说,所以,水必取优质井水或山泉水。二是豆的选择,豆则必选当地的大豆——六月白,六月白颗大饱满,豆味香浓,出浆率高。三是使用优质的盐卤为打浆剂,使豆腐更具特殊的风味。最传统的梅渚豆腐的凝固材料选择是盐卤,其主要成分是氯化钙及氯化镁,所以豆腐不但补充人体蛋白质,还是补充钙、镁的良好来源,豆腐还富含硒、维生素 B1、烟酸等人体必需的元素。梅渚豆腐的制作步骤可分为选豆、浸泡、清洗、磨浆、滤浆、煮浆、点浆、豆腐成型等程序。其中,点浆为关键之关键,要求制作者有丰富的经验,看雾气腾腾中豆浆在点入盐卤后豆花的变化,及时调整,或继续添加,或停止,甚而加些石膏水。而添加的计量会随豆浆的冷热变化,水分多少随时变化,没有丰富的经验,则很难做出老嫩适宜、口感嫩滑、煎煮不碎的优质豆腐。

梅渚手工豆腐除了具有营养价值外,它的传统手工制作技艺延续了几百年,仍保留着原始的痕迹,是研究社会生产与社会生产力的活标本。梅渚手工豆腐的传统制造技艺有多个分支,主要集中在梅渚镇梅渚村。梅渚手工豆腐制造技艺主要以家庭式传授为主,到今天为止,梅渚镇梅渚村仅存一家,代表人物主要有刘长征、刘丹其两代人。

俗话说:世上三样苦——撑船、打铁、磨豆腐。如今的人们已难以想象:做个豆腐,真有那么苦?估计没有亲身体会的,肯定是没有感觉的。首先是手工豆腐制作技术难度大,例如一个小时就可以学会点豆腐,但要使豆腐老嫩适中、爽滑可口却很困难,即使是有十几年实践操作经验的老师傅,只要有一个环节疏忽就有可能做不好。其次是做豆腐特别辛劳,单是晚上做白天卖,每天只休息几个小时,就让现在的年轻人望而却步。正因为年轻人不愿学,且掌握制造工艺的师傅也都往往是已离世或年事已高,所以,该传统技艺已逐渐衰落。再加上手工豆腐所带来的经济效益远不如其他行业。因此,许多人最终放弃了这一手工传统技艺,远离并逐渐放弃了老一辈子留给我们的东西,另寻生路。早20年前,梅渚村最多时曾有十几家手工豆腐作坊,而今,则仅剩一家。手工豆腐这一原始的、传统的、宝贵的手工技艺正面临着人亡艺绝的严峻形势。梅渚手工豆腐的传承人刘丹其等人担负着将老传统坚持下去的担子,更为重要的是取其精华将其发扬推广,让更多人尝到真正原生态高营养的豆制品。

(刊登于 2014 年 6 月 17 日《今日新昌》)

县级非物质文化遗产——玫瑰米醋制作技艺

"油盐酱醋"在老百姓的日常生活中扮演着极为重要的角色,即使排名最后的"醋"也具有促进食欲的功能,因为醋中含有丰富的有机酸,也有大量的金属元素,它在体内氧化后产生带阳离子的碱性化合物,从而能减少因体液酸化而诱发的动脉硬化、高血脂、高血糖及高尿酸等多种疾病的发生。专家建议一般人每天摄醋20毫升左右,常年坚持定能健康长寿。醋作为一种碱性食品,其中的醋酸等有机酸可以通过焦性葡萄酸生成柠檬酸,减少体内乳酸,还可以起到减轻疲劳的作用,国外早就推崇"少盐多醋"的饮食方式。日常生活中较经典的例子是醋蛋和醋花生。醋蛋液不仅综合了鸡和食醋的营养作用和食疗作用,而且防止了细菌污染,是一种良好的保健佳品。坚持食用醋花生米,有助于高血压、高胆固醇和动脉硬化患者控制和缓减病情。

那么醋是怎么来的呢?相传今山西省运城地区有个叫杜康的人发明了酒。他儿子黑塔也跟着杜康学会了酿酒技艺。后来,黑塔率族移居至现在的江苏省镇江一带。在那里,他们觉得酒糟扔掉可惜,就存放起来,在缸里浸泡。到了二十一日后的酉时,一开缸,一股从来没有闻过的香气扑鼻而来。在那浓郁的香味诱惑下,黑塔尝了一口,酸甜兼备,味道很美,便储藏着作为"调味浆"。这种调味浆叫什么名字呢?黑塔一想,便用"二十一日"加"酉"字来命名这种浆水,叫"醋"。据说,直到现在,镇江某知名醋厂酿制一批醋的期限还是二十一天。

我们新昌县天姥食品有限公司制作的"天姥春"牌玫瑰米醋也很有知名度,传承至今已有上百年历史,产品以拥有色泽鲜艳的玫瑰色而闻名。玫瑰米醋以其独的地方特色、低廉的价格及纯正的味道,深受江南一带老百姓的喜欢,早在1999年就获得了"中华老字号"称号。

玫瑰米醋至今沿袭着百年来的传统,每年立夏到芒种这段时间投料,经六个月精心管理,直到立冬后成熟。玫瑰米醋以优质大米为原料,先发花为五颜六色,再经六个多月的发酵和管理制成一种食用醋,色泽玫瑰红色而透明,香气纯正,酸味醇和,略带甜味,适用于蘸食和炒菜。玫瑰米醋的制作需要一个烦琐的过程,大致要经历浸泡、洗净、沥干、蒸熟、冷却、搭窝、发花、酿汁回浇、加水、酒精发酵、醋酸发酵,压榨、煎醋、检验、贮存、包装、成品等细碎过程,才算大功告成。

玫瑰米醋的生产受到季节的极大限制,一般每年立夏到芒种生产投料,故有玫瑰米醋一年一熟之说,产量有限,几大名醋中只有玫瑰米醋采用特制的液体面发酵工艺。以优质早仙米为原料,经过米饭的自然培菌发花多种混杂发酵,糖化、发酵、醋花,这些野生菌所产生的代谢物质形成了玫瑰米醋色、香、味、体的特征。

玫瑰米醋的生产受季节和自然界的影响,一般一年只投料一次,到立冬后才能成熟,生产周期长,且生产以缸为主,占地面积大,产量难以大幅度提高,针对此情况,天姥食品有限公司在继承玫瑰米醋传统制作精华的基础上,结合现代化的生物工程技术,对玫瑰米醋的生产工艺进行改进。相信,玫瑰米醋这一传统地方名特产将会在未来的市场上更加独具魅力,发扬光大。

（刊登于 2014 年 5 月 27 日《今日新昌》）

县级非物质文化遗产——手工榨面制作技艺

  榨面又名米粉干,产于越乡——浙江新昌县、嵊州市一带。据地方志记载,明清时期新昌、嵊州一带乡民常以榨面作为馈赠佳品,或送之产妇,或赠之长者,或赠之亲友,以示吉祥如意。新昌、嵊州两地,至今仍盛行以鸡蛋榨面招待女婿或宾客的风俗。即使现在,许多新昌、嵊州的游子出门在外常常会想起妈妈做的笋干鸡蛋榨面,味道特别好,更透着笋干菜的特有香味。

  新昌的手工榨面主要分布在梅渚镇后山根、下田、上山、下山泊、嵊州殿前一带。梅渚镇后山根村的手工榨面制作技艺还申报了第五批新昌县非物质文化遗产。梅渚镇后山根村位于新昌城西 10 公里处,龙头山脚下,四周邻村相连,土地肥沃,交通便捷。因在龙头山脚下,素有藏龙卧虎之称,现也有"状元"地名。关于此地名还有另一则典故:相传很久以前,有一村民上京赶考,父母为了让儿子考出好成绩,省吃俭用让儿子赴考时吃了一碗面,后中了状元,就有了"状元"地名,榨面也从此出名。

  新昌的手工榨面俗称"粉丝面",即通常所称的米面。此面选用优质大米为原料,采用传统工艺精制而成,不加任何添加剂,成品形似圆盘,细条均匀,烧煮方便,荤素两可,其口感滑爽柔韧,配之以佐料,风味独特。经测定此面既不失大米之主要营养成分,更具瘦身健美之功效,被誉为"江南第一面",是当地产妇传统主食,也可以作为长者祝寿的礼品。梅渚镇后山根村一带制作的榨面颜色透明,看起来不白,呈肉色,但久煮不煳,是馈赠外地亲友的一款原汁原味的绿色食品。

榨面的种类大致分为粗板、中板、细板。面的质量很重要,要选择上好的优质早米,用最原始的方法手工做,在太阳下晾晒而成。因此面的工序从磨粉、蒸粉子,到晾晒面饼,道道精细,面放入沸水中煮几分钟,加上佐料就可以吃了。

女人坐月子的时候吃榨面,是新昌由来已久的风俗习惯。据《新昌县志》记载,原来,新昌妇女只有在生小孩子时才能吃点榨面,平时很少能吃到,或者家里有贵客光临,才偶尔招待。所以,在物质极度贫乏的旧时代,榨面可谓极品了。相比之下,现代人就是福气好,吃榨面是最平常不过的事,想吃就吃,还讲究多样吃法,炒榨面、放榨面等,又别出心裁地做出各种各样的面,真是名目繁多,风味别异。

据手工榨面的传承人介绍,制作榨面时,先需要把优质大米碾成米粉,然后在米粉里加水,再把加了水的米粉碾成颗粒,放进蒸笼里蒸熟,紧接着是榨成细丝,再打散,再蒸熟,最后是摊到专门晾晒榨面的竹簟上晾干。晾干后的榨面容易保存,通常家庭长期备着,自家煮面当早餐或招待客人均可,非常方便实惠。

但在经济全球化和工艺现代化的冲击下,各种榨面制作机器层出不穷,手工榨面这一传统技艺传承人越来越少,因为手工制作传统小吃的经济效益还不如流水线作业所产生的经济效益来得快捷方便,因此,很少有人选择学习传统手工制作。看来,这项老祖宗传下来的传统手艺还须某些有心的后辈加以保护和传承了。

(刊登于 2014 年 7 月 1 日《今日新昌》)

县级非物质文化遗产——咸锅笋及臭冬瓜的制作技艺

　　新昌是山区,许多地方出门就是山,抬头就是峰,最常见的村路就是山岭。旧时,住在大山深处的新昌先民上下山岭唯有步行,为了生计,许多时候还要挑着重担在山道上行走,由于长年累月的锻炼,即使是蜿蜒崎岖的山岭,也能走得如履平地,且健步如飞。山里的老百姓普遍认为,吃得咸的人力气大,因此,这些常年行走山岭的乡民普遍喜欢重口味食品,吃得较咸。所以新昌山村有许多老祖宗留下来的制作各种咸菜的技艺,至今依旧广为流传。在小将、沙溪、三坑等山村中盛行的咸锅笋和臭冬瓜就是其中的两味。

　　据传,咸锅笋的制作技艺至今已有600年历史了,大约在明代永乐年间,已经广为烧煮。

　　每年春暖花开的谷雨时节,竹山上的竹笋基本出土,鲜嫩的竹笋正好是煮咸锅笋的好材料。这时候,小将、沙溪、三坑一带的山民就会上山挖竹笋,准备制作咸锅笋了。据制作咸锅笋的特别有经验的黄叶珍阿姨介绍,咸锅笋是这样制作的:从竹山上挖来新鲜的竹笋后,剥去笋壳洗净,按3斤盐10斤笋的比例放入铁锅内,锅内不用加水,因为笋内含水量已经足够。先用烈火把锅中盐水烧开,然后逐渐减小火力,用中火再减至小火慢慢烧煮。中间两次将锅中咸笋上下调换放置,以确保上下咸味相同。

如此烧煮 6 至 8 小时,以锅底盐水快干为限度。此时咸笋表面呈盐霜状为佳。咸锅笋保质期长,味道虽然极咸,但脆嫩爽口,鱼肉荤腥类吃多了,偶尔夹几片用麻油、白糖、老酒等佐料拌就的咸锅笋下饭,其中的清爽味道就可想而知了。

还有另外一味就是臭冬瓜,臭冬瓜是三坑一带的土特产,可以说也是农家土制咸菜中的一怪。

冬瓜性甘平,具有清热养胃,荡涤肠内秽物的功效,是清凉食品和减肥佳蔬。制作臭冬瓜的臭卤大都采用豆腐发酵而成,含有丰富的氨基酸,经过与冬瓜的腐熟和分解,臭中又有一种清香味。吃的时候,臭冬瓜上再放些麻油、老酒、味精等佐料,味道清口而醇香,是民间早晨下泡饭的最佳选择。

据介绍,臭冬瓜是这样制作的:选取成熟冬瓜,除去皮瓤或不去皮,切成 10 厘米左右的块状,放到铁锅里煮,煮到八成熟后,出锅沥水冷却,然后在八成熟的冬瓜四周均匀地抹上盐,分层藏入瓮内,加入适量的臭卤,将瓮封口后,置放于阴凉处,半月后即可食用,非常方便。

从小吃惯咸锅笋、臭冬瓜的山里娃,成年后无论身在何处,都会对咸锅笋、臭冬瓜之类的家乡味道念念不忘,就像思念故乡的亲人一般。

（刊登于 2014 年 3 月 18 日《今日新昌》）

县级非物质文化遗产——割蜂蜜

  春回大地,万物复苏。花间草丛又闻"嗡嗡嗡……"之声,勤劳的蜜蜂又开始酿造甜蜜生活了。蜜蜂酿蜜为食,同时也让人类分享它们的劳动成果,蜂蜜是人类最早利用的甜食。因此,人类利用蜂产品的历史已经十分久远了。

  在早期,人类可能是极偶然地在空心树、木头或山洞中发现了蜂巢中的这种甜味物质。在非洲,土著村民用一种叫作寻蜜鸟的鸟来帮助他们寻找非洲蜂蜜的蜂巢,然后割取蜂蜜。蜂蜜曾被人们看作极为富有的标志。在人类发现蔗糖和甜菜糖以前,蜂蜜是人类唯一的甜味剂。

  蜂蜜是蜜蜂的主要产品,它是一种甜而有黏性的、透明或半透明的液体。蜂蜜主要来源于花蜜,其次是甘露和蜜露。花蜜是植物花内蜜腺的分泌物,甘露是蚜虫、叶蝉等的排泄物,而蜜露则是植物花外安腺的分泌物。蜜蜂用舌管吸取植物的蜜腺、树液或蚜虫、叶蝉的蜜管所分泌的甜液,经蜜蜂的口器混以唾液并暂时贮于安囊中,归巢后,吐在巢房内,经过反复酿造而成。古诗云,蜂蜜"散似甘露,凝如割肪",回味绵长。千百年来,蜂蜜一直是甜美的代名词。

  蜂蜜更是一种营养丰富的天然滋养食品,也是最常用的滋补品之一。据分析,蜂蜜含有与人体血清浓度相近的多种无机盐和维生素,还含有多种有机酸和有益人体健康的微量元素,具有滋养、润燥、解毒、美白养颜、润肠通便之功效,对妇女、儿童,特别是老人更具有良好的保健作用,因此也被称为"老人的牛奶"。

各地乡村都有养蜂人家,我们新昌也是。养蜂人认为,蜜蜂是一种很有灵性的小动物,它们会识别出人们运气的好坏,只有运气好的家庭才能"罩"得住它们。因此,养到蜜蜂的人家,就觉得自己正在行大运,自我感觉很好。他们对待勤劳的蜜蜂,就像对待贵宾一样,举止小心翼翼又心怀虔诚。蜜蜂终年早出晚归,辛勤采蜜,养己的同时又滋润着我们人类,它们不仅值得养蜂人的尊重,更值得我们全人类的尊重。

据养蜂人介绍,每年春、冬两季是采割蜂蜜的时节,其中数每年 11 月 10 日前后这段时间为最佳。因为这个时候天冷了,蜜蜂进入冬眠期,人前去割蜜不会被蜜蜂蜇伤。春天时节割蜂蜜时,养蜂人都是"全副武装",防止蜜蜂蜇了他。割蜜人通常头上套着纱网,手上戴着皮手套,袖口、裤脚、领口全都扎着,他一手拿了艾蒿,一手拿了小铲,在木头做的蜂箱里割蜂蜜。蜜蜂大概知道有人来窃取他们的劳动果实,"嗡嗡"地飞着,把割蜂蜜的人包围了。有些养蜂人割蜜时,常用艾蒿驱逐蜜蜂防身。因为蜜蜂怕艾蒿冒出的烟,一旦艾蒿被点燃,冒出烟后,包围割蜜人的蜜蜂很快就被驱散了。割蜂蜜人就可从拿起割蜜刀,把最新鲜的蜂蜜连带着蜂巢一起从养蜂桶里割出来。放到竹箕、盆等过滤器具上面过滤采到的蜂蜜,再装到预先准备的瓶瓶罐罐里。

随着经济社会的快速发展,现代元素也开始渗透到"割蜂蜜"这种古老的行业中了,现代养蜂人开始用摇蜜机割蜂蜜了。人们从蜂桶中取出蜂蜜后,直接放置到摇蜜机中,通过离心力的作用摇出，再过滤蜂蜜。这种方式不仅方便，而且安全。

（刊登于 2014 年 3 月 25 日《今日新昌》）

县级非物质文化遗产——熄白术工艺

　　白术是我国传统的常用中药材,既具有悠久的生产栽培和应用历史,更具有健脾益气、燥湿利水、止汗、安胎的功效,医学上常用于脾虚食少、腹胀泄泻、痰饮眩悸、水肿、自汗、胎动不安等症状。如长期服用,等人老时,依旧须发俱黑、健步如飞。

　　栽培白术宜在气候凉爽、半湿润地区,要在海拔300—500米、排水良好的山地盆谷种植,选朝东向阳、土质疏松的沙质壤土或半沙细土地最好。所以,我县的回山镇一带是我国种植白术的最佳地带之一。有史记载"术出彩烟山",彩烟山即回山。早在唐代时,新昌回山人就开始了白术的种植历史。由于独特的土壤和气候条件,回山种植出的白术药性特别好。俗话说,"参术物灵",意思是说白术拥有和人参差不多的药用功效。

　　回山是我们新昌的"黄土高坡",由于交通的不便利,回山人的生存自古较县内其他地方的人们要艰难些。但世代"耕读传家"的回山人始终不畏自然不利因素,反而养成了许多传统美德,他们淳朴、勤劳、聪明,当中共十一届三中全会之春风拂到回山后,回山人的春天终于到了,他们用自己勤劳的双手创造出属于自己的美好生活。如今的回山人有很多致富途径,其中,白术的种植也是其中的一条。为了使白术得到长期的保存,不腐烂变质,回山的先人从很久以前就发明了"熄白术工艺",保护传承至今,并且还有越熄越好的趋势。

据回山镇贤辅村村民董志忠介绍，熜白术需要用一个一次可熜200—300斤刚采回来的术的术熜灶。上面是一个正方形的木板架，中间用块竹匾隔开，下面是土石结构的通火道，外面是通火堂口，通火道与通火堂口之间隔约1.2米，石板中下处凿一个10厘米见方的口子，称通火门。熜白术时烧的柴火最好是柏树枝，这样熜成白术色黄可观。白术需要"三熜"。一熜：立冬之后，白术的根茎从地里采回来，放在术熜灶上，开始烧旺火，等白术冒热气后，火力下降，等烧12小时后翻下灶，进行翻拣，去掉根毛的白术放上面，留着根毛的白术则放在下面。二熜：用文火熜约12小时后再翻下来进行翻拣。这次，需要把粗大的白术放下面，细小的则放在上面。三熜：三熜时仍需要用文火熜约12小时左右，再使其基本干燥。熜白术可是项技术活，其过程中，火候最重要，火旺的时候要旺，文的时候要文。如果火候掌握得不好，白术熜得次掉，里面空了，就会变得很轻，没有重量，也就没有药用价值；如白术熜得油掉了，就会壳硬内软，弄不干燥。而熜得好的白术则既干又有重量，毛又不掉，紧实，药用价值就很高。因此，熜术灶的通火道是曲折的，避免火直接烧到白术。其实，白术是靠火的热量烘干的。

据悉，回山术农喜欢自己留下一些食用的白术，在采回来的白术中挑选一些根茎又大又圆又光的用线穿起来挂在向阳的屋檐下面晒它三五个月，然后取下来切成片泡茶喝，取名为"生晒白术"，其营养价值特别好。如果将这种生晒白术片煎成汤，然后在汤中加些红糖，冷却后就凝成"白术胶"，更能滋补身子，且口味也很好。

回山种植白术的历史虽然悠久，但种植高峰期还是在20世纪50年代。久而久之，有些上了年纪的老农自然形成了一种

"白术情节",至今仍年年种植,在长年累月的不断摸索中,熄术技术也越来越好。

（刊登于 2013 年 12 月 17 日《今日新昌》）

县级非物质文化遗产——戏曲头盔制作技艺

　　我的孩提时代正逢物质极为贫乏的 20 世纪 70 年代,人们的精神文化生活可谓单调,记得只有在逢年过节时,村里才会请戏班来唱几天大戏。那几天可是全村男女老少最开心的日子,早早地端了四尺凳在戏台前放好,欢天喜地等待戏班子的到来。

　　小时候看戏,在意的不是演员在戏台上演绎的剧情是否曲折离奇,也不在意演员的演技是否娴熟到位,而是特别在意众角色戴的头盔是否好看,穿的戏服颜色是否鲜艳、款式是否新颖。戏散场后,还会跟着一大群小伙伴涌进后台,看演员们卸妆,然后呆呆地看着衣架上挂着的各种戏曲服装鞋帽,久久不忍离去,像是在欣赏一件件难得一见的艺术品。私底下还会和小伙伴们使劲讨论小姐头上的珠花怎么漂亮,衣服如何好看,小丫鬟穿的绣花鞋也很不错……

　　传统戏曲剧目大多取材于历史故事,反映各个朝代的生活,表现的人物有帝王将相、才子佳人和三教九流各式人物。不同朝代和不同地位的人,他们的服饰各不相同。剧目里的不同角色就逼得戏曲艺人在戏装的穿戴上制定出一套规矩。

　　戏装的样式,是表现角色社会地位的重要标志。以头盔来说,大体可分冠、帽、盔、巾四类。帝王戴王冠,文官戴纱帽,武将戴盔头,穷书生戴方巾。同是冠帽,翅子的样式又分向上、平直、向下三种。向上的叫朝天翘，为帝王和高级臣僚所戴；一般文官的纱帽为平直翘；向下的翅子都为非官员所戴。同样戴一顶纱帽，插上金花的是状元，加上套翅的便是驸马。戏衣分蟒（包括官衣）、靠、披、褶等。一般规律是帝王和文官穿蟒袍，武将穿靠衣，平民百姓多穿褶衣。制作者要根据人物所代表的身份、性别、年龄的不同精心制作。传统的戏曲盔头，总计有三百多种。其制作工艺的流程为：先在麻粉纸上打样，然后雕刻、扎边、涮胶、沥粉、油漆、贴锡箔、上颜料、串珠，最后组装成戏曲头盔。

戏曲头盔随中国戏曲的发展而不断变化。我县羽林街道董余村张澎源在20世纪80年代初就跟家住嵊州黄泽镇的舅舅学戏曲头盔制作技艺，至今已有30多年的时间，这在羽林街道乃至新昌也是少有的。张澎源制作戏曲头盔经验丰富，技术精娴，态度严谨。张澎源制作的戏曲头盔有简有繁，但均穿戴舒适，色彩亮丽。他注意研究行头在舞台灯光下的效果，不断精益求精，故而其独家行当经久不衰。一些地方的名剧团、名演员均慕名而来定制订购，业务不断。他们如今又在网上做起了戏曲头盔、服装生意，产品销往全国各地，据说生意还不错呢。

据张澎源介绍，爷爷张华照从小喜欢演戏，懂得戏曲盔头制作的一些原理，并传授女婿吕伯汀（张澎源的娘舅，嵊州黄泽人，现已为该项目的省级非遗传承人）。20世纪70年代后期吕伯汀开始自学做戏曲头盔，张澎源16岁开始，就跟吕伯汀学做戏曲头盔。出师后就自立门户，开始加工销售，直到现在。

戏曲头盔制作是一项技艺含量很高的复杂劳动，存在着制作原料特殊、要求高、工艺烦琐等实际因素。许多手工艺人大都不愿终年从事该项工作，因制作工艺的特殊性，一些年轻人更不愿去学习和传承，致使戏曲头盔的制作技艺濒临失传。因此，此项古老的传统技艺如不加以妥善保护和扶植,恐怕又要逐渐被岁月洪流给淹没了。

（刊登于 2014 年 7 月 8 日《今日新昌》）

县级非物质文化遗产——蒲草鞋、草的笃制作技艺

　　"千里之行,始于足下",步行对当下的人们来说,是强身健体的一种最实用又最方便的锻炼方式,而对古人来说,却是一种生存的常态,而且鞋子的舒适程度不仅关系行路人行路的速度,还关系到是否可以缓解走路带来的疲劳感,其重要性是人尽皆知的。在物质生活极为富足的今天,鞋子的种类可以说是应有尽有,春秋时节,既有柔软通气的运动鞋,又有美观舒适的皮鞋;炎夏时候,有凉爽轻便的凉鞋;严冬到了,又有既暖和又透气的各色保暖鞋。物质生活水平提高了,双脚的命运也彻底改善了。但在旧时,一年四季有正经的鞋子穿,那是一件极为奢侈的事情,绝对是出身富裕人家的标志。而对于穷人,一年大多数时光,不是赤脚,就是穿草鞋度光阴。

　　草鞋,顾名思义,即由草编起来的鞋子,对现在的后辈人来说,或许是个很模糊的概念,但对以前的人们,尤其是穷人们来说,却是生活的必备用品,祖祖辈辈用蒲草、稻草、棕、破布等做草鞋。但雨天道路泥泞,只能穿"草的笃",这就是旧时的雨鞋,即用蒲草织成鞋帮,用糯稻草织成鞋底,然后再在鞋底钉上一块约两寸厚的松木制成。

　　草鞋的制作也有其特有的流程,据传承人陈芬娥介绍,先后共分好几步:第一步是取材,选用蒲草、棕、破布头、糯稻草等,如

做"草的笃"，还要准备松木。第二步是将蒲草、棕、糯稻草等用水浸透。第三步是把浸透的材料用木棒敲过，然后把附在上面的废草抖净。第四步是将抖净的材料再进行敲打，再抖直到可做为止。第五步是把棕和糯稻草等搓成细绳，用棕边做筋，"的笃"则用厚松木做鞋底。第六步是打鞋底，打鞋底时，每添一根稻草或蒲草就打一棍，打好打实鞋底。第七步是打底后做墙（从底边向上竖），如做"的笃"，就把做成的"的笃"穿在松木上。第八步是用蒲草做鞋头，这样一双草鞋就做成了，做好后，还需用剪刀剪去余草。最后用木楦头楦过，并将一双双草鞋用绳串起来。

在草鞋中，蒲草鞋较高档，称作蒲鞋。蒲鞋底是用糯稻草编成的，鞋帮子是用席草一层层做成，密密的，很精致。席草和糯稻草透气性都很好，现代人穿双袜子再穿上蒲鞋，感觉干燥舒服，常穿听说脚气也会没的。所以，现在经常有人怀念过去穿的蒲鞋，说是夏天穿着蒲鞋，不仅干爽，还不会滑倒。听大市聚镇姜家坞村的陈叶芬老太太说，许多人专程找到她们村买蒲鞋，有的一买就是几十双，如获至宝。以前的人们没钱买皮鞋、橡胶鞋等好鞋，只好穿蒲草鞋，现代人穿腻了皮鞋、橡胶鞋、运动鞋等各种好鞋，反而钟情于草鞋。又是一个老道理，物以稀为贵。

（刊登于 2013 年 10 月 22 日《今日新昌》）

县级非物质文化遗产——珠茶炒制技艺

    绿茶是一种健康的饮品,绿茶中含有多种独特的化学成分,有着多种营养功效,防衰老、抗辐射、美白肌肤、瘦身减脂、防龋齿、清口臭等。据外媒报道,荷兰研究人员发现,男性饮用绿茶后,还可显著提高工作效率。

    山清水秀的新昌自古就产绿茶,距今已有 1500 余年的历史,是"贡茶"的故乡,全国十大重点产茶县之一。新昌县的茶文化底蕴深厚,是中国茶文化之乡,中国茶道之源。六朝高僧支遁、唐代诗人李白、茶圣陆羽、茶僧皎然、当代茶圣吴觉农等为新昌留下了丰富的茶文化。20 世纪 80 年代,新昌县研制开发名茶获得成功,被农业部授予"中国名茶之乡"称号。2004 年,"大佛龙井"获"浙江省十大名茶"殊荣。近年来,新昌县积极打造"大佛龙井"品牌,以茶为媒,连续成功举办多届茶叶盛会,大力弘扬茶文化,从而极大地推动县域经济的快速发展。如今,茶业已成为新昌农业的第一大产业,"大佛龙井"也成为新昌的一张金名片。

    茶叶自古就是我们新昌的"致富叶",现在我们新昌人炒制的都是龙井茶,但在龙井茶炒制技艺问世之前,新昌先人们炒制的是珠茶,本地人称其为"圆茶"。记忆中的珠茶,炒干的茶叶紧缩一团,取几粒放杯中,再用开水冲泡,紧缩的茶叶立即伸展,翠绿的一芽二叶在清水中漂浮,一杯清香四溢、热气腾腾的珠茶惹人欢喜。珠茶作为早期的名茶供品也曾畅销于国内外,为新昌一隅百姓带来可观的经济效益。自从龙井茶炒制技艺推广普及之后,它才逐渐淡出世人的视野。目前,只有很少一些上了年纪的人们才偶尔炒制。

据了解,珠茶的炒制工艺流程是这样的:

第一步就叫"杀青"。把以一芽二叶为标准采来的青叶放到茶锅里,茶锅的温度高达150℃,每锅可一次性放六七斤青叶,以用双手抛的姿势反复地炒。第二步叫"脚拌"。把"杀青"后的青叶放到温度略低的"团箱"里用双脚(赤脚)交叉拌揉。第三步叫"甩胡青"。把茶灶锅的锅温控制在100℃左右,然后用双手把茶灶锅内的茶叶不停地抛、抖。第四步为"刨三青"。用双手把茶灶锅内茶叶摊开,再进行抛洒,锅温控制在80℃—90℃之间。第五步叫"做小锅"。继续在80℃—90℃之间的茶锅里,用双手把茶叶摊开,接着是不断地压。第六步叫"做大锅"。调试茶锅的温度至80℃以下,把20多斤炒锅的茶叶合并到一个大锅里,用双手推压成圆形。第七步是"筛选"。用筛子把茶叶分类,一类茶的特点是圆、细、乌、亮,筛出来的黄叶当次品出售。整个炒制过程中,最重要的是技术,包括锅温控制的适中,以及双手推压茶叶技术的恰到好处,除此之外,时间也是一个关键因素,炒制一大锅20来斤茶叶需要15个小时左右时间,少一点时间都不行。

珠茶的七个炒制步骤不禁让人感慨"谁知杯中茶,滴滴皆辛苦"啊!

(刊登于2014年3月4日《今日新昌》)

县级非物质文化遗产——纺棉花

　　随着经济社会的飞速发展,百姓的物质生活水平逐渐提高。相比以小农经济为主的旧时城乡,如今的人们似乎已经过上了以前连想都不敢想的快活日子,吃穿住行,都以享受生活为主。以年轻姑娘为例,在旧时的新昌,能进学堂读书的女孩子少之又少,基本上从六七岁起,就要成为祖母或母亲做家务的帮手,洗衣、扫地、绣花、织带……什么都要从小做起,在众多的女孩活中,有一样叫作纺棉花,这名词在现代人当中,可能闻所未闻,但在旧时,却是家庭妇女或村姑最普通的家务活之一。

　　纺棉花是新昌旧时农家妇女的一种经常性的家庭手工活。旧时,农村人的衣服一般都是自己种棉花,然后纺成棉线,再用庞大的木制织布机织成白土布(新昌人俗称"腰织布")。染色后即可做衣。因此,把棉花纺成棉线是一道必不可少的工序。

　　在旧时的新昌农村,女孩子长到六七岁,祖母或母亲就会教女孩学习"觅棉","觅"是新昌方言,意思是用单手双指捻的意思。"觅棉"是用一根小竹棒,一端套上几个铜钱(现在称"古钱"),另用一根棉线作引线,缚在竹棒上,做成棉锤心杆。另取一根已经搓好的棉花棍(棉花棍是由已经加工好的棉花搓成,纺线的原材料),接在棉锤心杆上的引线上,用手"觅"棉锤,棉锤即开始旋转,花棍中的棉花在棉锤重心作用下,便一点一点拉长被绞成棉线了。

女孩初试"觅棉"时容易失败,用丝绵代替棉花棍来"觅棉",就不容易断线。这样经过不断尝试,女孩慢慢就能学会"觅棉"。这既是将来在纺车上纺棉花的必修课,同时也似玩乐。所以,女孩子容易对它产生兴趣。刚开始"觅棉"时技巧不成熟,"觅"出来的棉往往粗细不匀,一般就不用来织布,而是用来织带(旧时一种用棉线手工织就的带子,用作裤带、帽带、围裙带等)。

　　等到在纺车上纺棉花,这就是"正式工作"了。纺车为一细竹竿做成的轮子,连手柄架在木架上,底座下部可插下棉锤心杆。摇动手柄,棉锤心杆就极快地旋转,棉花棍接上旋转中的棉梭心杆,用另一只手拉长棉花,就立刻纺出棉线了。纺到一定长度,就把棉线"退入"棉锤心杆,渐渐绕成纺锤形的棉锤。

　　纺棉花时,纺车发出"呜呜呜"轻快的声音,纺到一定长度后使棉线"紧一紧"时又发出"吱——"的声音。这样,在纺棉花的过程中,轻快优美的纺机声,始终伴随着纺棉花的劳作。因此,一种秋夜的鸣虫"纺织娘"就因此得名。

　　现在,即使在农村,也很难看到纺车了,更难看到村姑坐在纺车前纺棉花的模样了,这画面已经被淹没在历史的记忆里了。

（刊登于 2014 年 9 月 16 日《今日新昌》）

县级非物质文化遗产——水车和水碓

　　水车和水碓是从前田野和乡村最常见的一道风景,但随着经济社会的快速发展,水泵、抽水机等电力设备的不断出现,它们已经被时代淘汰了,并逐渐走出世人的视野,淹没在厚厚的岁月尘埃中,成为人们远去的记忆。只有 20 世纪 70 年代以前出生的人可能还对其留有依稀的印象。

　　水车,古时候叫翻车,也叫龙骨车,据清代麟庆著的《河工器具图说》记载,水车本身用木板作槽,长两丈,宽四寸到七寸不等,高约一尺,槽中架设行道板一条,与槽的宽窄一样,两端比槽板各短一尺,用以安置大小轮轴。在行道板上下,通周用龙骨叶一节一节地用销子连续起来,因它的样子很像龙的骨架,故名"龙骨车"。水车是我国劳动人民于东汉末年发明的。最初完全依靠人力灌水。这种人力水车的上部大轴两端,各安四根拐木,作为脚踏之用。把它放在岸上的木架之间,人扶着木架,用脚踩动拐木,就带动下边的龙骨叶沿木槽往上移动把水提上岸来。而后,龙骨板叶绕过上大轴,又在行道板上边往下移动,绕过下边的轴,重新刮水,这样循环往复,水便从低处源源不断地被提上岸来,流入田间。人力水车使用起来很方便,但因为人力有限,汲水不够多。到了南宋初年,人们对人力水车又进行了一番革新,即在水车上端的横轴上装一个竖齿轮,旁边立一根大立轴,立轴的中部装上一个大的卧齿轮,让卧齿轮和竖齿轮的齿相衔接。立轴上装一根大横杆,让牲畜拉着横杆转动,经过两个齿轮的传动,带动水车转动,把水提上来。

据小将镇小将村村民石文豪介绍,我们新昌一带的水车一般由扶手架、踏脚轮、引水筒、羊角蹄、带动轮等部件组成。扶手架是人在车水时支持身体让踩踏木轮时可用力的木架,由4根水车架脚连接2根扶手栏杆组成。踏脚轮由一根六面体木料,每面交叉穿插装上棕榈树段做踏脚,不论2人或3人一起车水,踩踏力点交叉均匀,恰好使踏脚轮转动自如。而引水筒则长3.5米以上,口为正方形,四周由木板围成。羊角蹄上有许多个连接点,连接处有一块打水板,是把水引进筒内并使水上升到出口的主要部件。而带动轮分上、下两个,是内外旋转时带动羊角蹄上、下循环的枢纽。上轮装在踏脚轮轴中间,下轮放置在水中,原理和其他地方的水车都差不多。

水车是我国最古老的农业灌溉工具之一,是先人们在征服世界的过程中创造出来的高超劳动技艺,是古代劳动人民智慧的结晶。除水车外,还有水碓。水碓的存在也已有上千年的历史,一直沿用至20世纪70年代。水碓房一般建在离村子不远的溪边,离上游溪水1.5米左右的地方。它是利用水的冲击力迫使轮子在运动中带动其他部件工作的简易手工木质工具。20世纪20年代以前,村民一直用水碓舂米、磨粉等。水碓一般建在磨坊里,拥有磨坊的人家必是村里的大户人家,在古代农村,水碓和水车一样,也是农民十分实用的生活用具。水碓由盘心杆、木叶轮、碓杆榔头、捣臼、水板等部件组成。另有不少水碓在舂米的同时带动石磨,只需另外装置水轮、燥轮木侬各一部件即可,也有的水碓只有石磨,没有榔头捣臼的。

不论是水车,还是水碓,都在远去的农耕时代对人们的生存起着极为重要的作用。虽然如今它们已尘封在历史的记忆里，但是，它们始终是历史大轮前行途中的一道亮丽风景，被世人惦记。

（刊登于 2013 年 12 月 24 日《今日新昌》）

县级非物质文化遗产——甄布政使的故事

新昌一直有"勤耕读、崇孝悌、尚廉耻、育人才"的地方风俗，故这里自古就人才辈出，如北宋和南宋年间的石公弼、石公揆，南宋宰相王爚，明代尚书何鉴、吕光洵、潘晟等。这些先圣为官清正廉洁、刚正不阿，爱国爱民，他们的故事在新昌百姓中代代相传。其中流传最广、影响最大的，要数被赐予"清官第一"之称的明代河南布政使甄完的故事了。

甄完是我县镜岭镇岩泉村人，出生于明代洪武二十五年(1392)，祖上是从山东逃荒来新昌的。甄完小时候因家境贫寒，家里没钱供他上学，只能整日在田间地头放牛割草。有一天，甄完放牛路过村中私塾，听见里面书声琅琅，不禁好奇地趴在窗户下听。这一听就让甄完入了迷，自那以后，每当放牛路过这里，甄完都要到窗下偷听先生的讲授。一次，先生终于发现了这名额外的学生。当先生认真地考问完这个放牛娃以后，先生为甄完惊人的记忆力而赞叹，并称之为"奇才"，先生欣喜地准许甄完免费到私塾听课。从此甄完幸运地开始了他的求学生涯。

转眼到了明朝永乐十八年(1420)，甄完成了新昌岩泉村有史以来第一位举人，然后再历尽艰辛赴京中了进士。中了进士以后，甄完于宣德元年(1426)出任刑部主事，被朝廷派往山东处理朱高煦叛乱一案。甄完到任以后，悉心调查，秉公执法，理正言直，终于冲破重重阻力使案件得以顺利进展，被人们称为"青天"。

此后,甄完又被派往广西、湖广等地任职。所到之处无不留下卓著的政绩和廉洁的美名。由于甄完为官清廉,景泰三年(1452)官升至河南布政使,故被称为甄布政使。

甄完调任河南期间,正逢黄河决口,百姓灾难深重,十万难民无家可归。甄完看着眼前的一切心急如焚,不禁回想起自己多灾的故乡。年少时的饥饿和困苦,一直深深地烙在他心里,他深知百姓的苦难。身为布政使的他一面率领文武百官察看灾情,安置难民,号召百姓治理黄河,一面为减轻农民负担,开仓赈济,奏免赋税,竭力节缩财政开支。督修黄河堤坝,成了他最大的心愿。在河南为官的那几年,甄完把心思都花在了黄河的治理上,他总是亲临黄河岸边指挥治理工程建设。

治理黄河期间,每天都有成千上万的银子在甄完手中过,可是甄完不但对这些银子分文不沾,还用自己省吃俭用剩下的俸禄资助灾民,甄完的爱民和廉洁,令当地百姓交口称颂。朝廷派六部到各地考察,甄完的政绩为最。

然而官场自古险恶,就是这样一位清官,也遭到一些官僚的猜忌和陷害。皇帝收到了一些奏章,上面罗列了很多甄完的罪状,其中最主要的一条,乃是告甄完利用职务之便,大肆贪污国家金银财物,并多次派员回新昌老家建造豪华的府邸。

俗话说:"话经三张嘴,长虫也长腿。"数年之后,甄完借病辞官还乡。归乡途中,路经当时嵊州境内的一个小村,看到水塘边有一个衣衫褴褛的乞丐在洗脚,他便摸出身上仅剩的七个铜钱给了那乞丐,然后面对水塘叹息道:"我甄某虽蒙受不白之冤辞官还乡,但自身清白如水塘也!"这口水塘后来也改名为"清水塘"。据说,时至今日,那清水塘的水仍清澈如许。

再说皇帝虽然恩准甄完辞官还乡,过后回忆起他的为人处事,觉得后悔,就暗暗派了一个特使,到新昌岩泉村察看甄完的府邸及家产,以便证实一下甄完究竟有否贪污。经过特使的明察暗访,回奏皇上:"甄布政,甄布政,长橼细瓦擂鼓门。八十公公打柴不够烧,七十婆婆纺棉不够穿,每天两只小船运菜还不够吃。"皇上闻奏,怒气冲天,一个已辞官的小小布政使生活得这样阔气,房子气派不说,还要八十人打柴,七十人纺棉,两只小船运菜下饭,这还了得!后来经特使解释,皇上才恍然大悟。"长橼细瓦"是竹橼茅草,"擂鼓门"是用竹篾编的扁平圆形竹器(新昌方言"团背")当门;"八十公公"是甄完80岁的父亲打柴,"七十婆婆"是他70岁的母亲纺棉,"两只小船"是两只鸭子,每天靠两只鸭子生下的两只蛋,还要拿去换盐呢!特使还讲了"清水塘"传闻。皇帝听了深受感动,急忙下旨召甄完进京复职。圣旨到达新昌岩泉村时,甄完早已隐姓埋名教书去了。

景泰皇帝无奈,只好命人给甄完留下朝服一套、朝板一块、朝靴一双,并送去御书"清官第一"匾额,特许甄完"本职冠带回原籍致仕"。

后来,在甄完去世多年后,皇帝为了嘉奖甄完,降旨新昌岩泉村,在村口建造牌轩。同时还昭告天下:大小官员路经此地,都须"文官下轿,武官下马",以示敬仰。

至今,岩泉村村口还留有"文官下轿,武官下马"的路廊遗迹。甄完为官"一身正气,两袖清风"的佳话也在青山绿水间传颂了几百年,历久弥新。

(刊登于 2014 年 1 月 16 日《今日新昌》)

县级非物质文化遗产——落马桥的传说

　　新昌是个美丽的地方,秀山丽水如诗如画,旖旎风光间沉淀的美丽传说,更让人们平添几分神往。在没有现代科技充斥的从前,乡人就是靠这些祖辈们代代口耳相传的传说来滋润精神世界的,那时的孩子们更是在这些古老传说的述说声中进入梦乡的。"落马桥的传说"就是新昌民间众多传说中的其中一个。

　　新昌江上游,班竹村村口,有一座蛮石砌成的单孔石拱桥。长20米,宽6米,高8米,孔径12米。桥面卵石铺就,桥侧石板上刻有"落马桥"三字,桥头建有"司马悔庙",桥边古木参天,桥上凉风习习,桥下流水潺潺。游人到此如同进入仙境一般,坐在桥边休息,心中油然升起一种不忍离去的感觉。过厌闹市嘈杂日子的现代人,在闲暇时光更想来此处徘徊,深深地吸一口新鲜空气,放松一下心情。

　　"落马桥"何时新建?几度重修?已无从查考,但这是古代温州、台州等地通往杭州、绍兴的官道,也是驿道途中的重要桥梁之一。据说明清时代,班竹村是"唐诗之路"的一颗明珠,离天台和嵊县(现嵊州)各百里,南来北往的客商云集班竹村,行人如织,商铺、驿馆、饭店、宿店比比皆是,当时的繁华可想而知。而落马桥头建有路廊、司马悔庙,设有粥棚、凉食摊店,可供过往劳累的人们休息、解渴、充饥。可见落马桥那时已是人们休闲、解乏的好去处。

相传"落马桥"桥头原来的必经之路上有两块巨石,石头中间有一个既低又窄的石缝,骑马者只有下马,坐轿者必须下轿才能通过,不论高低贵贱,无不如此,这是大自然的公正。"落马桥"也因此得名。唐朝玄宗时期,司马承祯定居于天台山玉霄峰,构筑庐舍隐居修行,自号"白云子""天台白云道士"。司马承祯精通天文地理,才能出众,并深得道教的奥秘,理论造诣很深。而唐玄宗李隆基又是道教的忠实信徒,曾先后两次下诏请司马承祯入京,成为中国历史上有名的帝王师。传说司马承祯应诏出山途中,路经两巨石前,准备下马过桥,触景生情,突然悔悟:仕途险恶,前途难卜,功名利禄,身外之物,高低贵贱,照样生死。想自己过惯了山野清平日子,何必涉足这烦恼的混浊世界。司马承祯顿时悔悟,曾大悔落马。故此桥名叫"落马桥",又称"司马悔桥",班竹山又名"司马悔山"。传说司马承祯隐居山野修行,最终得道成仙。为纪念看破红尘功名利禄、高低贵贱,终于大彻大悟、超凡脱俗的司马承祯,人们在落马桥头建造了司马悔庙,塑起了司马悔神像,香火不断。可见,"落马桥"历史悠久,唐朝前就已形成,在清朝雍正和道光年间就重修过两次。改革开放后,2003年再次整修,使古驿道上的这颗明珠重放异彩,更加灿烂。

（刊登于 2014 年 1 月 7 日《今日新昌》）

县级非物质文化遗产——孝行砩和牛头岭的传说

想象时光退回到 20 世纪 70 年代——我们的童年时期,我们在家乡的农村安安静静地长大,"朝闻鸡啼,夜听传说"是那时候我们乡下小孩的生活常态。唯一的闹点就是过年时的鞭炮声及农闲时村里做大戏时传来的锣鼓声。小时候每个晚上听爸妈讲古老的传说入睡成了成年后抹之不去的回忆,每每想起,感觉温馨不已。在爸妈跟我们讲的众多故事中,记得最清楚的要数有关孝行砩和牛头岭的传说,因为传说中的那条孝行砩就从我们村中流过,开凿孝行砩的林知县又是为了新昌世代百姓的利益甘愿献出生命的绝世好官。

相传,古时候的新昌,因为地处山区,下雨水涨,夏季时更是山洪暴发,土毁房塌,百姓流离失所,苦不堪言。而天晴日子一多,又导致大旱,田地开裂,庄稼歉收,老百姓生存艰难。南宋初期,朝廷派林安宅(福建三山县人)为新昌知县。林知县进士出身,通晓天文地理,颇懂水利。他到任后,深入民间了解情况,得知新昌水患严重,就多次带衙役,沿新昌江而上,察看地形,不断研究治水方案。第二年就带领百姓在城东筑了三里长的东堤(既东坝)。东坝上至湖莲潭下游的椰树岩,下至北门的滴水桥,以抵御洪水冲入城内,百姓无不称颂。

当年新昌大旱,田土开裂,禾苗枯萎,西门外七星畈一万三千多亩良田,因缺水灌溉,颗粒无收。百姓靠少数赈灾粮糊口,生活艰难。林知县多次勘查七星畈,经过反复思考,与同僚多次商量,根据百姓要求,决定引新昌江之水来灌溉七星畈万亩良田。

南宋绍兴十二年(1142),林知县决定开凿孝行碃,从东门外虎队岭(现平川桥旁、原茶厂外),引新昌江入湖莲潭,经祥溪庙,沿旧东门口,绕南门,过大佛桥、牛头岭亭、鼓山,最后通到七星畈,全长十多里(后来又延长至三溪、五都村)。

西门石家山有个石家村,村旁有条牛头岭。石家山全村人姓石,据说当时做官的石姓人很多,老百姓编有顺口溜:"秀才好隔笆,举人连街走,进士年年有,十里两都督,朝中两尚书。"可见石氏族人为官者之多,势力之大。而牛头岭又属石氏所有。

当孝行碃做到西门外牛头岭时,被一块巨石挡住,而孝行碃又必须从中间通过。为尊重石氏,林知县亲自拜访石氏族长太公,要求顾全大局,让渠道从牛头岭通过。而族长却蛮不讲理,说:"风水先生说过,这是我们的龙脉,坚决不能动那块大石。"知县回衙后,反复研究图纸,是否可以避开牛头岭大石。经论证,孝行碃必须穿石而过,绕道作渠是行不通的,也是不可能的。林知县苦思冥想,决定去请示在京城(现杭州,当时称临安)的石尚书。石尚书听林知县说明来意后,十分客气,不假思索地说:"林知县既然是为民开渠,灌溉良田,为民造福,实为难得,在岭上拿掉块大石又有什么关系呢?"林知县听后心中踏实了,感激石尚书通情达理,能为家乡人民着想。

林知县回到新昌后就召集石匠凿石,继续开渠。这时却出现了异象:一是凿石时,石面上不断涌出鲜红的液体;二是第一天开凿的石头第二天又回到原处。如此反复几天,弄得石匠们目瞪口呆,毫无办法。石氏家族听到这消息后,十分高兴,说:"这是上天保佑,让他们白费力气吧!"

林知县实在想不出什么好办法,只能在县衙内来回走动。还是师爷脑子灵,提议知县学古人,求救上苍和过往神灵,或许有法可想。林知县和衙役众人斋戒三日后点起香烛,放上果品福礼,虔诚跪拜天地,恳求上苍和过往神灵保佑,指点迷津,凿开大石,修通渠道,造福百姓。当夜三更时分,有神仙对林知县托梦说:"用生狗血喷浇,大石可开。"翌日,林知县叫衙役用生狗血浇于大石上,凿一层,浇一层,数日后石开渠通,工程浩大的孝行碑终于建成。新昌江江水源源不断地流入七星畈,万亩良田得到灌溉,绿油油的禾苗一望无际,呈现出一派丰收景象。孝行碑凿通后,粮食年年丰收,百姓啧啧称赞:"孝行碑流到哪里,人们就吃到哪里,林知县是我们的好知县。"

孝行碑建成了,百姓享福了,林知县却遭殃了。石氏族人后来赶到京城找石尚书告状,说林知县用生狗血浇石凿大石,从而断了石氏的龙脉。石尚书听后大怒,之后竟然将林知县抽筋剥皮,残忍地把这位好官给杀害了。据说用刑时,全城百姓跪地痛哭,声震山谷。

后来,新昌百姓为了纪念这位为民造福的好知县,将当年林知县被害的赵家山凉亭(赵家山即旧东门祥溪庙上边的小山)改称为剥皮亭。并在新东门外建造一座庙,取名"止水庙"(中华人民共和国成立后的竹编厂厂址,现在位于人民路与环城东路交叉靠城门的东角)。庙内塑林知县像,叫止水菩萨,塑像蓝脸、黑手黑腿,供人们瞻仰、叩拜,香火极旺,每年一次由民间祭祀,仪式隆重。

为民造福的林知县虽然被地方恶势力杀害了,但他开凿的孝行碶依旧还在淙淙流淌。几百年来,孝行碶不仅灌溉着七星畈的万亩良田和下游村民的田地,还似乎在向世代新昌百姓传诵着林知县当年所创的丰功伟绩,千秋万代,感天动地。

（刊登于 2014 年 4 月 29 日《今日新昌》）

县级非物质文化遗产——刘罗锅寻祖

　　巧英乡虽然离新昌县城远了点,但却是让人流连忘返的好去处:峰峦叠嶂的群山相互掩映,翠绿欲滴的竹海此起彼伏,波光粼粼的巧英水库如同一块无瑕翡翠,为巧英一隅平添了不少的空灵。更值一提的是,这方青山绿水间还流传着一个有意思的传说——刘罗锅寻祖。

　　刘罗锅是大名鼎鼎的清代乾隆年间的宰相,原名刘墉。听说因为长期战乱等原因,刘墉祖籍的确切位置至今都无处着落。日本,中国台湾、安徽等地据说都竞相争夺,但公说公有理,婆说婆有理,始终无定论。但祖籍肯定有一个,到底在何处呢?

　　据巧英一带的老农传说,刘墉的祖籍就在浙江省新昌县巧英乡一带。

　　据说刘墉小时候就听爷爷说过,他们祖籍在浙江省的一个山村,至于这村属于什么县,叫什么村,就不清楚了。只记得爷爷说祖籍的村东头长着一株两围大的银杏树,村西头也有一株大银杏树,东面村口有七步踏道,西面村口也有七步踏道。当时,刘墉就觉得祖籍的这个村落很有意思。

　　长大当官后,刘墉觉得"树高千尺全靠地下有根,人行万里也不能忘祖",故一心寻祖。一天,刘墉穿戴青衣小帽千里迢迢来到浙江,凡有刘氏宗祠处,便去拜。结果每到一处,族长早已在门口等候迎接,而且宗祠里香烟缭绕、清香扑鼻,但总是拜到一半蜡烛就突然熄灭。就这样拜了一日又一日,毫无收获,难道祖籍不在浙江?但刘墉不愿轻言放弃,继续苦心寻祖。

这天,拜到新昌三泾(现巧英乡三坑村)刘大宗祠,只见两只大红蜡烛随着火种徐徐点燃,并且越燃越亮。透过烛光,刘墉仿佛看到了祖宗们正微笑着迎接他这个宰相后辈回来光宗耀祖了。他想,难道我的祖籍就在这里?于是,他继续走过几个村,不经意来到庙前村,只见村口有一株两围大的银杏树,村尾也有一株大银杏树。村口有七步踏道,村尾也有七步踏道。他想:啊!这个村就是我上代流传下来的与众不同的故乡,找到了,终于找到了,他喜出望外,到祖坟前连拜带哭一场,不孝子孙十几代没有来打扫坟墓了,今天,出人头地的我终于来拜祭太公了。

他进了族长家,请求看一看《刘氏族谱》。族长一看,这位来者穿戴青衣小帽,又驼着背,矮矮瘦瘦的身材,貌不惊人,就不让这位陌生人看。刘墉也不便暴露自己的身份,悻悻然,只能离去。

他回到朝廷后,派了一位刘姓的得力部下到新昌任县令。有一年,三泾刘氏与邻村发生山林纠纷,告到了县里,县令说:"把三泾《刘氏宗谱》拿来方可解决。"拿去后,县令派人连夜抄去了宗谱,又解决了山林纠纷,真是一劳永逸,一举两得。

刘墉上代为什么住到外地去呢?话得从头说起。那年清明上坟,他上代太公与另一位刘氏太公为领麻糍发生了争吵,引起了人命案子,迫得连夜逃走,辗转南北,最后隐居山东,刘罗锅就在山东诸城戈庄出身。

参天大树必有其根,茫茫大海必有其源。刘罗锅不忘祖地,寻到了根,找到了源。他曾经送三泾刘氏宗祠直督匾额一块,从此,本祠门口骑马的下马,坐轿的下轿,以示对他的敬仰。可惜在"文革""大扫四旧"中,这块价值连城的金匾被一扫而光。

专写刘墉一生的《游龙记》一书记载:刘墉祖籍在新昌。山东刘氏家族多次派人来此地查访过。由此看来,他这次寻祖没白费。各地竞相为刘墉寻祖,其祖籍最终却在浙江新昌的三坑。

(刊登于 2014 年 3 月 11 日《今日新昌》)

县级非物质文化遗产——"倒脱靴"的传说

　　山清水秀、风光旖旎的新昌大地流传着许多美丽动人的传说,传说隶属非物质文化遗产项目中"民间文学"一类。这一个个传说靠祖祖辈辈们的口耳相传而生生不息,像一条条从远古流向未来的河,滋润着世世代代新昌人的心田,历久弥新。

　　新昌每个地方几乎都有各自的传说,譬如在东茗乡就有一个美丽传说,名曰"倒脱靴"。

　　"倒脱靴"就是傲然立于东茗乡后岱山村和白岩村之间山谷中峭壁之上一座冲天而起的奇峰,极像一只倒立的石靴,故称"倒脱靴"。有关"倒脱靴"的传说很久很久以前,就在青山绿水间流传了,更值一提的是,竟然还有好几个不同的版本呢。

　　版本一:传说古时候,民间常遭洪灾,民不聊生。据说天庭有位神仙,趁一双儿女已长大成人,就派遣他们到凡间去做一些事情,一是可以锻炼他们的能力,二是可以为民造福。临走时嘱咐他们,天亮鸡鸣前必须返回天庭,否则天门关闭,他们将会变成凡人。于是兄妹二人领命乘着夜色下凡而来。妹妹到了天台山石梁,看到两条龙龇牙咧嘴在打架斗法,观看了一会就计上心来,施出仙法将两条龙镇住,并将两条龙舌头拉出搭在一起,造成了一座桥,这就是现在的石梁桥。而哥哥则来到现在"倒脱靴"所在的地方,看到这里洪水泛滥,两岸百姓往来受阻,就决定在这里造一座桥。哥哥心眼实,见这里没有造桥用的石块,就做仙法去西方搬来很多乌黑色的石块,一会工夫,石块就堆成了一座小山。哥哥想天色尚早,在天亮鸡鸣前造好桥,时间是绰绰有余,不如在这里先美美地睡上一觉,于是就在山上睡着了。妹妹在石梁桥造好后一路寻了过来,看到哥哥不在造桥却在睡觉,心想待我学几声鸡啼吓吓哥哥。于是她就躲在旁边学了几声鸡啼,哥哥正睡得香,忽然听到鸡啼,便一下子惊醒过来,也顾不得造桥了,飞快上天而去。不想慌乱之中,将自己的一只靴子弄掉了下来,倒立在峭壁之上。年长日久,这神靴就变成了一只石靴,也就是现在的"倒脱靴"。而在"倒脱靴"旁的一座山坡上,堆满了清一色的乌黑石块,据说这就是当时神仙搬来造桥用的石块。

版本二:传说很久以前,这里的龙潭住着一龙王,常常兴风作浪,致使洪水泛滥,两岸百姓往来受阻,深受其害。一天,有一位名叫袁天罡的神仙路过此地,见此情景,就决心在这里架其一座天桥,为民解难。于是,他担来石块作桥基,打算脱下自己的两只靴子作桥墩,然而,当他刚脱下一只靴子倒置于山谷中时,就被龙王发现了。龙王勃然大怒,立即呼风唤雨,滔滔洪水无情地将毫无防备的袁天罡吞没了。袁天罡仙逝了,天桥虽然没有架成,但袁神仙脱下的靴子却一直傲然地倒立于峭壁之上,历经日月沧桑而不倒。

还有版本三呢:在很久很久以前,曾有两位仙人云游到此,只见这里山清水秀,风景优雅,于是棋兴大发,想在这里斗棋。但由于这里是一个峡谷,找不到平摊的地方下棋,其中一位仙人就把脚上穿的一只长筒靴子脱下来倒置在山谷中当棋桌,然后,两人就兴致勃勃地下起棋来。一直下了七七四十九天,仍然难分胜负,只得离去。离去之时,约好择日再来此地下棋。因此,并未将这只倒置的靴子穿走。久而久之,这只神靴就变成了石靴。

（刊登于 2013 年 12 月 10 日《今日新昌》）

县级非物质文化遗产——石猪、石牛、石牛媳妇的传说

　　童年的时光总是使人留恋，虽然那时没有电脑，没有电视机，更没有如今具有通天本领的互联网，但是也有属于过往的特有的美丽：春季里满天飘扬的风筝，夏日浓荫里不知疲倦的知了声，秋天满山的斑斓色彩，冬季雪地里精心塑造的雪菩萨，更有妈妈口里娓娓道出的古老传说……一切的一切，都让成年后的我们想念和回味。

　　妈妈讲的传说很多很多，记得众多传说里有这样一个：相传古时候，有一石猪带着十八个孩子住在东茗乡产芝村中花台门里，石牛和石牛媳妇住在离村不远的深山里。他们都是好朋友。石猪要养活一群孩子，需要好多食物，所以什么都吃，真是饥不择食，吃饱就好。石牛身高体大，胃口不小，一餐能吃几吨草料。他们常一起去天台地界吃谷吃麦又不留下脚迹。天台人只能看在眼里，恨在心里，却无法查清是谁吃掉的。原因是那忠恳心细的石牛媳妇跟随在后，在回来路上小心翼翼地把他们的足迹掩遮得不留一点痕迹，难以使人发觉。石猪、石牛他们吃饱了肚子，洋洋得意只顾上前赶路，根本没注意她在后面干了什么，还认为她走路太慢。

　　回家后，他们聊起天来，石牛媳妇提醒他们说："我们常去天台偷吃农作物，真不好意思，万一被发觉了，那如何是好？"那头

脑简单，做事不假思索又不顾前后的石猪却说："我们去了几次没有一次被发觉呀。""对，对，对。"那生性鲁莽、高傲无忌的石牛随口接着说，"我们一次都没被发现，绝对找不到我们。""不。"石牛媳妇反对说，"你们每次回来的路上，所有的足迹全都是我埋掉的，他们才无法找到这里来的。"石牛反驳说："谁要你去掩埋，路上来往人多，鬼知道那个是我们的脚印，何必多虑，埋不埋没关系，真是多此一举。"

　　一天，石牛媳妇病了，天气又不好，正下着小雨，石牛又跟石猪约好再去天台，石牛媳妇阻止他们，他们却偷偷地背着石牛媳妇出发了。他们又是一顿饱餐，一下子把三亩地麦子吃个精光。石牛媳妇躺在床上担心地等待着，盼望他们早点回来。只见石牛一进门就得意地吹起牛来。

　　突然，几条大汉猛闯进门一把抓住石牛说："今天总算找到了，你偷吃我们许多麦子，使我们全然无收，今天就要你的命。"说时迟那时快，手起刀落，牛头落地，大汉随手把它搁在尖岩山顶上。他们又转身循脚迹追到产芝村找到了石猪，见石猪正卧在地上歇息，十八只小猪儿也倚在大母猪身边。几位汉子二话没说就是一阵棍打刀砍，打得石猪鲜血如注，一家子全都呜呼哀哉。又放了一把火就离开了产芝村。

　　当他们走出山时，大火已烧了半个村庄，一连烧了三天三夜，烧得全村无房无人，从此绝迹。如今的尖岩山顶有一尊巨石命名为"石牛头"，旁边一尊称"石牛媳妇"。常有游客来爬山赏景，并细细回味这一传说。

　　如今的产芝村，是由各地杂姓聚居而成的。那花台门烧光了，如今是吕、何两族新建居住，而那石猪在近几年内被人毁掉了。但我还清晰记得那是一尊大青石，光亮铁青，活像一头母猪,几个乳房隆起,个个有半个皮球那么大,十八只小猪依在旁边……

（刊登于 2014 年 7 月 15 日《今日新昌》）

县级非物质文化遗产——西王哑背疯

非物质文化遗产从悠远的历史走来,历经数百年、上千年,源远流长,她像一条母亲河,川流不息地滋润着炎黄子孙的精神家园。她多姿多彩,形式多样。她是乡土文化,百姓文化,草根文化,是民众的文化创造。她传承演绎千年而经久不衰,生动形象地反映着老百姓的精神个性和生活形态,是一种具有顽强生命力的文化基因。

我县大市聚镇的西王村是个风景优美、民风淳朴的村落,非物质文化遗产资源很是丰富,不仅拥有市级非物质文化遗产——西王莲子行,还有县级非物质文化遗产——西王哑背疯。

民间舞蹈"哑背疯"是由民间传说演变而来的:从前有个财主,生了一个疯女儿。财主家雇了个哑子做长工,从此,疯婆就由哑子背着从楼上到楼下,一直背到她长成 18 岁的大姑娘,仍由哑子背着去看戏、上山去放牛。财主见哑子心地善良,就把疯婆女儿许配给他。从此,哑子背着疯婆离开财主家艰难谋生。民间就开始流传哑子背疯婆的传说,并渐次发展成在真君殿庙会上表演的民间舞蹈。新昌历史上自从有真君殿庙会和三十六行游行队伍就有民间舞蹈"哑背疯"的表演。

"西王哑背疯"是颇具地域特色的民间舞蹈,是利用"头形""假肢"巧妙组合,由一个人同时扮演两个人的角色:上半身配假肢演疯婆,下半身配头形演哑子,装扮成"哑子背疯婆",以 10—

20 人组合的群舞形式在舞台和广场演出,按锣鼓点子,做有节奏的舞蹈表演。演出时,哑子背着疯婆表演细步、慢步、急步、碎步、前倾步、摇踏步、转身蹲步及迈门槛、关门等动作;以肢体舞汇表演游览场景,如到配庙会去看戏,以及上山放牛、砍柴等劳动场景,以各种形象的舞步表演哑子和疯婆生活的艰辛、劳动的艰难,以及他们不畏艰难、善于苦中取乐的乐观主义精神。

整个舞蹈格调清新,表演幽默,情趣盎然,通俗易懂,可看性极强,具有浓郁的生活气息,生动而形象地展现了瘫妻哑夫相依为命、患难与共、互敬互爱的真挚感情和高尚情操,耐人寻味,给人以启示。

大市聚镇的"西王哑背疯"相比其他地方的"哑背疯"表演,从形式到内涵上都迥然不同,谱写了一首残疾人不向世俗低头、自强不息、无怨无悔、不屈不挠与命运抗争的生命赞歌。

(刊登于 2013 年 9 月 24 日《今日新昌》)

县级非物质文化遗产——新昌方言叫卖声

　　人上了年纪，都喜欢怀旧，任何事物一旦经过时间的沉淀和过滤，都会自然而然地被诗化，慢慢变得温馨美好起来，连小时候听到的萦绕大街小巷、村头村尾的各种叫卖声，现在回想起来，都是那样美妙，成了内心深处一曲挥之不去的乡音。

　　随着经济社会的快速发展，人们的物质生活变得日益富裕，现代人购物变得极为容易，大大小小的超市随处可见，即使不出家门，也可以在网上买到称心如意的商品，这在还不太遥远的过去，也是世人无法想象的。以前，如要购买大大小小的生活用品，都要进城，或者到离家较近的集镇。那时候，有些具有商业头脑的小贩，会挑着货担，走村穿巷叫卖。

　　"叫卖声"北京话叫"货声"，是旧时小贩做买卖时的一种喊声。新昌小贩的叫卖声有新昌特色。它用的是新昌方言，但和平时的说话不同，语调语速是另一个样子。叫卖声长时期存在于旧时代新昌城里的大街小巷，以及农闲时的乡村巷弄。从清晨到午夜，不论寒暑，刮风下雨，终年不绝。旧时的小贩都是穷人，他们依靠这种小本生意谋生，所以喊声中似乎总带着一丝悲凉的成分。当然，有时碰巧生意好一些，叫卖声中也会传达出几分欢快的色彩！

　　叫卖声因不同的货品有不同的喊法，并因人而异。有的是"陈述句"式，如"卖油石棍"。油石棍即油条，由"油炸桧"转音。

南宋时,秦桧设计害死岳飞父子。人们痛恨秦桧卖国,把油条呼为"油炸桧"。新昌方言就成为"油石棍"。油石棍的叫卖声几乎像"头鸡啼"一样准时,最早打破拂晓的沉寂。当人们还沉浸在梦乡时,巷弄里就传来了卖油石棍的叫卖声:"喷酥啊……油石……棍啊!大……油石……棍!"这段叫卖声突出了两点:一是"喷酥",喷酥是新昌方言词松脆的意思。新昌在民国时是没有现在称之为"软油条"的,一直只有"喷酥"的"油石棍"。开始有"软油条"还是近几十年的事,是 20 世纪 60 年代从上海学过来的。因为不同于新昌本地的油石棍,为区别起见,就称为"软油条",一般称为"油条",只有在需要区别时才加"软"或"硬"字。二是强调油石棍"大",是"大油石棍"。可以设想,一根又粗又大,刚刚炸好的(也即是"喷酥"的)油石棍是多么诱人!所以这句叫卖声很能打动人心,新昌人都有买了当"早饭菜"的习惯。

这种陈述句式的叫卖声还有"卖豆腐浆"的。豆腐浆即豆浆。但新昌方言叫豆腐浆。现在新派人改叫"豆浆",老派仍叫"豆腐浆"。和卖油石棍不同的是,卖豆腐浆是挑着一副沉重的担子,叫卖声沉重而单调:"热豆……腐浆!"叫卖声把"豆"字提得很高,声音拖得很长,念到"腐"字紧接着就念"浆"字,并念得含糊不清,似乎力气已经用完。强调"热"的,还有"卖六谷"的叫卖声。"六谷"是新昌方言词,即玉米苞芦,嵊州、新昌一带叫"六谷"。新昌小贩卖的是连玉米棒的"嫩六谷",方言叫"六谷部"。喊得更为夸张:"滚泡热六谷啊!"新昌方言"滚"是煮沸的意思,泡是沸得烫手,"滚泡的热六谷"自然是最热的了。这句"广告词"在名词"六谷"前加一形容词"热",本已指明是"热六谷",现在又在形容词前加一程度副词"滚泡",自然是热到极点了。这使买主联想到这是刚刚煮熟的六谷,就产生买一个吃吃的愿望。

可是,到了炎夏,"热食"就没有"冷食"吃香了,像食花、乌楮豆腐等,都是时令冷食。食花是小贩的正式行业,乌楮豆腐则多是农村妇女叫卖。卖食花也是挑着一副担子,担子的一头是一只方形木栅小橱,放碗和调味品。另一头则用一矮木架搁着一只红漆木桶,内放食花,食花实际上就是旧时的"冷饮",很受欢迎。

食花的叫卖声和前面介绍的不同地方是在叫卖声前,先用一只小摇鼓(即转鼓,新昌方言叫"立乐鼓")先摇上一阵,发出"的的的的"的声音,然后放开喉咙喊:

"阴凉蜜甜呵凉食花呵!"

食花本身无味,加了白糖、酸醋、薄荷等调味品后,就有酸甜清凉的滋味和感觉,的确可称"美味小吃",所以普遍受到欢迎。这句叫卖声强调了"阴凉""蜜甜",并且一"凉"再"凉",在"食花"前再加一个"凉"字,"阴凉"说明凉到了极点,在炎热的夏天没有比"凉"字更受欢迎的了。因此,食花的叫卖声也很能吸引买主。

除了以上各种类型的叫卖声外,也还有光叫货名的,如"卖薄荷糖"的。薄荷糖并不止一种。旧时专门有做土糖果的专业小贩,他们自己制糖,自己叫卖,品种很多。主要有薄荷糖、姜糖、花生糖、油麻糖,还有剪成圆柱形、粽子形、球状硬糖,价钱比"洋糖果"——纸包糖便宜,很受新昌小孩甚至大人的喜爱!到现在还有这种摊档,但现在只设摊,已经不叫卖。过去卖糖小贩不只简单喊"薄荷糖呵!"手里还多了一个道具——一面小铛锣。一手拿小铛锣,一手拿铛锣签敲"铛铛铛",然后喊:"薄荷糖呵!"小贩并不把所有糖果的品种都搬出来。卖糖果的小贩是把糖果放在一个木板盘上,顶在头上叫卖的。用这种叫卖形式的还有"卖大栗""卖馒头"等小贩。

叫卖声是各地旧时的一种风情,当然,新昌方言叫卖声自然是我们新昌一隅旧时的一种风情,是新昌方言的特别形式,也是旧时代的一个生活断层面。旧时代的新昌人一定不会忘记这种有旋律,有节奏,声调悠扬又略带忧郁的叫卖声。

(刊登于 2014 年 4 月 1 日《今日新昌》)

县级非物质文化遗产——彼苍庙庙会

　　汉族传统庙会是由古代的宗庙社郊制度演化而来的。曾活跃于中国的广大地区，是真正活着的民俗，很多学者将其称为"中国人自己的狂欢节"。提起中国古代的庙会，人们会联想到"庙"，认为庙就是道观寺庙。顾名思义，庙会就是在寺庙附近聚会，进行祭神、娱乐和购物活动。

　　庙会亦称"庙市"，是汉族民间宗教及岁时风俗，也是我国集市贸易形式之一。其形成与发展和地庙的宗教活动有关，在寺庙的节日或规定的日期举行，多设在庙内及其附近，故名。庙会流行于全国广大地区。古代，"日中为市"，进行集市贸易。至南北朝时，统治者信仰佛教，大造寺庙，菩萨诞辰、佛像开光之类盛会乃应运而生，商贩为供应游人信徒，百货云集，遂成庙市。

　　中国每个地方都有自古流传下来的庙会。像我们新昌县，有名一点的就有真君殿庙会、彼苍庙庙会等。

　　相传，清朝太平天国军队未涉足儒岙，使儒岙一方太平。百姓就在当年农历十月廿六祭祀禹王菩萨，感谢他保佑儒岙一隅未受战乱之苦，开了每年农历十月廿六日祭祀菩萨的先河，以后逐渐发展成庙会，流传至今，依然不衰。

　　十月廿六是儒岙人民的彼苍庙庙会，也是具有地方特色的传统的物资交流大会，同时也是儒岙人民的祭禹大典。

　　相传古代的禹王能呼风唤雨，治旱消灾，于是乡民们你出钱我出力,在彼苍桥头建起了庙宇,雕起神像,虔诚祈拜禹王保佑,为敬谢神灵,在十月廿六宰牲献祭,诵经游行。

庙会由儒一、儒二、溪下、胡圹、王家庄五村主办,周围各村自愿参加。迎会那天,晨光初露,五村族长一起在禹王殿神像前的案桌列上贡品,焚香燃烛,跪拜后,菩萨出殿,坐入八抬大轿,群众抬着神像鸣锣开道迎会。除将七八丈高的大旗早早在庙前菩萨要经过的闲田里竖撑好外,所有参加庙会的会班先后、上下次第有序,领头的是"肃静""回避"的头牌二牌,而后的是近百人的舞龙队伍,举着蜡(锡)铸的龙头、龙身、龙尾,边走边舞,接着是扮成乞丐、农夫、铁匠、货郎等三十六行的"三十郎",且走且要;高跷队一颤一悠,"吹鼓亭"吹吹唱唱,"回头拜"一步一拜……在禹王神像轿前的"校尉"班,分文"校尉"和武"校尉",文"校尉"要穿红衣头戴小帽,手执铁链手铐,武"校尉"身穿"盔甲"戴上头盔,手持藤条,是禹王的仪仗队,左右守护神象。

参加庙会的会班多到数十班,真是丰富多彩。有的是属于禹王菩萨仪仗的,如"校尉"班、土(铳)会等;有的是武术体育性的,有拳班舞狮、舞龙、高跷等;有的是舞蹈性的,有抬阁、翻船、回头拜、马灯等;有的是说唱音乐性的,有十番、吹鼓亭、莲子行、三十六行等;还有杂技性的,有抛丝弦、调目连、男吊等。迎会从彼苍庙出发,经溪下、儒一、儒二、胡塘、王家庄游行一周,一路上锣鼓喧天,鞭炮齐鸣,沿路村民捧香迎拜,各村设祭坛迎神、贡品齐列,各村族长带领村民敬拜神灵,会班在祭坛表演而过,直到神像放置在儒岙村口大祠堂中堂里,设上案桌列上贡品、燃香焚烛、拜祭后才告结束。

迎会之后是演神戏。为敬神灵,戏是清一色男子班"大三庆""小京班"等名牌剧团演出。剧目是金戈铁马的大戏,从廿四开演,三到五天,廿五、廿六两天是长夜戏,从下午演到翌日的早晨。戏演结束,禹王神像就抬回禹王殿进仓入座。

参加庙会的有几十里方圆的村村舍舍,也有相邻的天台、宁海、奉化、嵊县等县市。有拜佛坐夜的,有逛庙会玩耍的,有会亲访友的,有买日用物品的,万人云集,数百年来,延续不衰。

中华人民共和国成立后,更新了庙会的形式与内容,发展成了物资交流大会与文化娱乐于一体的大型集会。

如今儒岙镇经济发达,民康物丰,使十月廿六这个传统节日焕发出新的生机。

（刊登于 2014 年 1 月 21 日《今日新昌》）

县级非物质文化遗产——祭祀礼仪

祭祀礼仪最早产生于我国古代的祖先崇拜。大约在黄帝时代,祖先崇拜的丧葬仪式和祭祀活动已经出现。后来,从西周开始,这些礼仪逐步增加了人文因素和理性因素。重视祭祀祖先,是中国古代礼仪的显著特色,这是因为古人认为祭祀祖先具有良好的社会教化功能。我国各民族普遍都注重国祭、祭民贤、祭丁、家祭等各种祭祀礼仪,我们新昌亦如此。

从前,国祭是国家规定的全国性祭典,各地由地方最高官员主持,主要是祭奠关公和岳飞,每年春秋两次,县里由知县主祭,经费由县政府开支。

清代前,新昌县府西南角有三间一院的"关岳庙",专祀"义薄云天"的关羽及我国最著名的英雄岳飞,另有转南大门及照壁(为现信访办处)。在满族人当皇帝的清代,因岳飞抗金,满族亦系外族,故改称关帝庙,但庙中仍有关、岳二像并列。

每年,关羽、岳飞生日,开大门,设全猪、全羊、全鹅,由县长(县官)主祭,参祭为全体县府人员及县中"士绅"近百人。祭祀仪式有赞礼、主祭献酒三次,及陪祭读祭文等。抗日战争爆发后才停止祭祀活动。关岳庙每年在关羽、岳飞生日的当天开大门,让人们瞻仰。设全猪、全羊、全鹅,进行祭奠,祭毕将猪羊肉切开,分与参祭人员。

祭丁,就是祭孔子。自汉代开始,各地建造孔子庙、塑孔子像。每年三月、八月的丁日各地都要进行祭祀典礼。因定在该二个月内的丁日举行,俗称祭丁。典礼非常隆重,是国家规定的最大祭祀典礼,由政府出资并主持。连当时的皇帝也要到曲阜去参加公祭。祭孔子是国家大祭,各地方十方重视。

新昌的民俗传统是学生上学读书时都要祭拜孔子。地点在孔庙大殿——孔圣殿,正式名称为"大成殿",地址在原新昌中学,即现在的实验中学内,即中华人民共和国成立初期尚在的新昌中学礼堂。致祭从该日拂晓开始。清代此处为学宫,有考棚,为考秀才的初试场地,复试在府学,并住有县学训导(学宦),与知县同为七品,但不管政治,专司管理秀才以上人员及童子试(秀才初试)。祭丁由学宦主祭,知县陪祭,全县秀才、举人及退休官员均须参加,且均须穿官服。民国以来改由县长担任主祭,县府全体工作人员、高小毕业以上人员参祭,一律穿蓝布长袍,外罩黑马褂。祭丁活动以前是每年正常进行的,和国祭一样,也是到抗日战争爆发后才终止的。

祭丁祭品用最高档次的太牢,即牛(当时禁杀耕牛),每年仅祭丁前一日下午宰一头牛,供祭品所需。祭时大殿设香案,右供全牛,左设贴祭文的"祝板"。

民国时,除主祭外,由教育科长担任赞礼(司仪),主祭人就位后,除退休官员在大殿供桌前陪祭外,参祭人员整齐排列在殿前月台上,约有两百多人。香案前设落地五供,香案上设五供。中为香炉,左右点烛,再左右插花。案上用古代特制祭器,供五谷等祭品。

祭丁典礼开始先由若干参祭人员做乐舞,这是古代传统祭孔的特殊舞蹈,十分文雅。再集体背诵《大学》《中庸》若干章,再唱《诗经》数首,每首有古乐伴奏。在赞礼下由主祭者跪香案前依次献香、献烛、献酒、献羹、献茶、献帛,当时所有参祭人员皆跪。然后全体进行二十四拜孔子,再由县主任秘书跪读祝板上祭文,最后在月台上烧帛(黄纸)及烧祭文后礼成。于是全体人员退至殿后明伦堂,由工作人员将牛肉割给主祭人,其余牛肉分成若干块,参祭者每人各得一份,回家早餐。

每个地方都有民贤,新昌自古人杰地灵,民贤甚多,如明代尚书何鉴、吕光洵、潘晟,布政使甄完,给事中杨信民等。为纪念这些人对新昌的贡献,专门造了乡贤祠,内有他们的业绩,牌位。每年清明节由政府出面进行一次祭奠,以寄托后人对他们的怀念之情。

以前,在县府西北角一个方形池塘(现仍在)的北面,有一乡贤祠。楼下为大堂,楼上供奉我县历代名宦,如何尚书、吕尚书、杨侍郎(回山)等牌位。此等原在县府西面墙内一所大门转东,三间一院的名宦祠,后该祠废,移此,内还设我县历来著名学者名人、石溪的石子重等的牌位。

抗战时期,每年清明时节,由县领导及县府人员,全县著名士绅百十人,在楼上设一桌当时新昌最高级的酒席——十六汇鲜致祭。祭为一般礼仪。晚上参祭者均在楼下设十六汇鲜酒席散福。全部开支亦由政府负责。

以上是旧时以政府层面出面进行的祭祀典礼,至于家祭,那就涉及家家户户了,每年碰到清明节、七月半、先祖们的出生及去世的日子,家家户户都要准备香烛、酒菜、冥钱等,举家祭奠,以表对自家先祖们的永久怀念之意。

祭祀礼仪是特定时期的一种文化符号。现在,大多祭祀礼仪已淡出人们的视线,取而代之的是与时代相适应的文明新风。

(刊登于 2014 年 1 月 28 日《今日新昌》)

县级非物质文化遗产——新昌端午节

　　每年农历五月初五是民间传统的端午节,传说是为纪念我国古代最早的浪漫主义诗人屈原而设的。

　　屈原是战国时期楚国的重要政治家、爱国诗人。曾任楚怀王左徒、三闾大夫、令尹,是当时楚国在内政、外交方面的重要官员。由于他的政治改革计划触犯了贵族利益,受到贵族们的中伤和排挤。楚怀王又听信谗言而将他长期流放。流放期间,他虽然身在山野,却依旧心系朝堂,时刻忧国忧民,于某年的农历五月初五自沉于汨罗江中,以死明其忠贞爱国之心。

　　屈原投江之后,人们为了纪念他,约定俗成般地在这一天划船竞赛,意思是要从水中营救屈原。后来人们把竞渡的船做成龙形,故叫龙舟竞渡。还包粽子往江里扔,让江里的大鱼来吃粽子,不要吃屈原的尸身。人们在端午节除了吃粽子、佩香囊、饮雄黄酒,还在自家门上悬挂菖蒲和艾蒿。这些习俗穿过漫长的时空隧道,一直保留到今天。

　　新昌是山区小县,不能行船搞龙舟竞渡,因此除了佩香囊,吃五黄(黄鱼、黄鳝、黄瓜、雄黄豆、雄黄酒),在小孩额上用雄黄酒画"王"字外,新昌过端午节的风俗习惯还和别的地方稍有不同。端午这一天,家家户户的门窗两边,甚至床的帐钩上都插上用剪刀修成的一把把"菖蒲剑"和带叶的艾蒿秆,寓意为"五月五日端午节,赤口白舌尽消灭","艾叶如旗,招四时吉庆;菖蒲作

174

剑,斩八方妖魔"等。

以前,新昌百姓过端午很少有人吃粽子,而大多是吃"汤包"(即馄饨),这是新昌的特殊习俗。据《新昌县志》记载,原来,新昌过端午节也吃粽子,有"吃过端午粽,还要冻三冻"之谚语,但后来为什么又不吃粽子了呢?相传明代年间新昌一隅连年干旱,百姓要求赦免钱粮。钦差来查,恰逢端午,县官通知各家都吃面片汤过节,遂获准赦免钱粮,端午节也由此改吃汤包,这习俗延续至今就一直未变。农村还有在端午节采草药的习俗,据说特别灵验,将野紫苏、夏枯草、青木香等采撷收藏,自家备用,也方便邻里。

新昌过端午节还有一个民俗活动是做香袋(即香囊):找些绸缎或花布碎片做成一个个布囊,内装朱砂、香粉,缝制成鸡心、虎头、荷花、菱角、金鱼等各种形状。有的还把蜘蛛捉来装入香袋,据说佩戴这种香袋就能"胆大"。香袋大的如火柴盒,小的如罗汉豆,妇女和小孩就挂在衣襟或床帐上作为装饰。另有一种香袋是用丝线结成一个网,直接将樟脑丸装入,名字叫作"臭丸香袋"。

新昌的端午节还有个特殊的习俗,就是端午节前几天,新嫁的媳妇娘家人要向婆家送庚,除送鱼、鸡、肉、筒好馅的春饼等食品之外,更重要的是送扇子,须向婆家妇女每人送一把芭蕉扇,婆家男人每人送一把纸扇。

端午节是新昌民间传统节日中的一个大节,如吃汤包、饺子、做香袋、饮雄黄酒、插菖蒲剑和艾蒿秆等一些习俗一直沿袭至今。但随着经济社会的快速发展,人们的生活水平日益提高,故现在的新昌人过端午节,在形式和内容上有所发展和充实了,吃的更讲究了,玩的花样也更多了。确切地说,如今的端午节演变成人们探望长辈、亲朋好友相约聚会、孩童尽情戏耍的开心节日了。

（刊登于 2014 年 4 月 1 日《今日新昌》）

县级非物质文化遗产——岁时习俗

随着社会转型和中西文化的交流，中国当代民俗被注入许多时代的新元素和新内容，出现了多元的发展趋势。但"生活之树常青"，根植于民众生活的民俗文化具有历史的延续性和稳定性，许多优秀的民俗不会因社会变革而终止。"过年贴春联、放鞭炮，元宵吃汤圆、放花灯、扭秧歌，端午插艾条、挂香袋、赛龙舟"，只要传统的农耕文化还没有从记忆中消失，这些具有鲜明的民族特色和浓郁的乡土气息的节日风俗就会沿袭下去。

我们新昌县史悠久，民俗文化积淀深厚，拥有属于新昌地方特色的岁时习俗。这些传统习俗伴随勤劳智慧的新昌百姓走过了一代又一代。

除夕：腊月的后半月，家家户户开始为过年做准备了：掸尘、办年货、舂年糕、裹粽子、炒"馈货"、煮"福礼"、做小吃等，忙得不亦乐乎。农历年最后一晚为过年高潮，外出者都要赶回家团聚。除夕万一赶不回家，家人亦在席上放置筷子和酒盏，以示团圆。年夜饭特别讲究，俗称"三十夜的吃场"。长辈要给小孩分压岁钱。是夜，往往守岁至天明。每间屋都有灯光，取"明亮兴旺"之意。除夕夜要清账，负债不还或还不起的人要躲债，故又叫过"年关"。

春节：正月初一清晨开门放鞭炮，人人穿戴一新，喝糖茶，吃"解缚粽"，给长辈拜年，然后尽兴娱乐。一天内不动刀，不扫地，不说不吉利的话。晚上早睡,不点灯,叫"赶夜鸡"。正月初二起,普遍走亲戚,小唱、大唱、狮子班上门表演。中华人民共和国成立后,过年简化,迷信色彩淡化,增加慰问军烈属、开联欢会、收看春节联欢晚会等新内容。

十四夜:家家吃"亮眼汤"。蚕妇去寺庙拔蜡烛头,在卧室、蚕房点燃檀香、柏株,气味清香,解秽气,杀蚊蝇,熏"瓦刺虫"。

元宵节:据上年纪的老年人讲,中华人民共和国成立前,在新昌的岁时习俗中,正月十五元宵节最热闹,街头一片灯海,商家及各寺庙精心制作灯具比美。乡下舞狮、舞龙,以鳌峰龙灯最为壮观。城里搞灯会,以俞大宗祠的"明角灯"最出色。届期,各庙堡大演七天八夜灯头戏。到处张灯结彩,热闹非凡。

清明:上坟为大事,游子也还乡。捣清明麻糍,做清明果,扫坟坛,供祭品,烧经卷,标坟头。逢寅日不上坟。头三年新坟要上两次,春分后第二三日上一次,清明节当天再上一次。清明后,乐善好施者祭扫无主孤坟,日标坟头,夜放路灯。中华人民共和国成立后,上坟简化,沿途踏青,既怀念亲人,又调节心情。学校、机关团体纷纷组织祭扫烈士墓,进行革命传统教育。

立夏:吃囵囵蛋、糯米饭、青梅。小竹笋整株煮熟吃,叫"健脚笋",午后称体重。

中秋节:为团圆佳节,多数至亲能回家团聚,围坐赏月,分吃月饼、水果。新昌人称月饼为"圆砂",花色品种繁多,亲友互相馈送。

重阳节:俗称"九日",约伴登高,吃重阳糕。20世纪80年代开始,每年农历九月初九定为"老人节",提倡敬老新风。

冬至:为祭祖之节,俗称"冬至如大年"。旧时,各宗祠大开祠堂门,祭祖设宴,十分隆重。普遍吃"冬至果"。当日动土大吉,修墓、迁葬、砌灶等事情多在此日进行。现在中老年家庭还在做冬至,拜祭家中已去世的长辈,小辈们还相约去山上,到去世长辈坟头盖土,寓意是冬至节气寒冷,为先人盖层被御御寒。

(刊登于 2014 年 2 月 11 日《今日新昌》)

县级非物质文化遗产——婚礼习俗

　　现代社会的特点就是快节奏,平常工作要快节奏,日常生活中要快节奏,现代人似乎成了一台台高速运转的机器,做着古代人需要两辈子甚至三辈子才能做完的事,甚至连人生中最大的终身大事也赶上了快节奏,俗称"闪婚"。可在过去,结婚是急不来的,得遵循严格的传统婚礼习俗。

　　在过去,男婚女嫁是人生的一等大事。俗话说:"不孝有三,无后为大。"作为父母,儿女成年了,往往会担心他们的终身大事,总是尽心尽力、想方设法为儿女找到相配的对象。历代至中华人民共和国成立前,儿女婚事都是由父母做主、媒人介绍的包办婚姻。订婚、下聘礼、结婚等几项仪式,都是由父母说了算的。

　　过去,儿女长大成人后,一般由父母托人说亲。媒人将双方的基本情况、意愿告知双方,有的要算算命,双方属相是否相合。如果双方认为可以进一步发展,请媒人约定日期相亲。一般先由女方到男方家中实地观察,看男青年身材外貌、言谈举止,看房屋财产等,同时男方也趁机了解到女方的一些情况。接下去的一段时间,男女双方再做进一步的了解。如果双方认为可以确立婚姻关系,就择定吉日举行订婚仪式。订婚时,男方将彩礼、戒指、项链、包头、烟酒等由媒人送至女方,女婿拜见岳父母,并授见面礼。下午,媒人将新媳妇带至男方家,儿媳妇拜见公婆,授见面礼,给新媳妇的礼金一般要加倍。这时,双方交换红绿礼帖,将生辰八字写在礼帖上由媒人交予对方。订婚之后,双方互相接触交往增多。订婚后至结婚前这段时期的端午、中秋、春节时,男方都要送礼给女方,表示孝敬。

结婚时机成熟时,由男方请人择定吉日举行结婚仪式。结婚日期确定后,男女双方均邀请亲朋好友参加婚礼。亲友都要送礼祝贺。女方亲友送嫁妆,称送嫁。男方亲友送贺礼。贺礼根据个人的情况,有的全收,有的退回,也有收取部分等。结婚这一日,一般上午由媒人带领迎亲队伍去女方迎亲,女方中午酒宴之后,男方将女方宴席的费用、香烟、轿口庚等交给女方父母。嫁妆装于轿中或簟箩中由迎亲的人挑抬至男家。嫁妆队伍往往排成很长的一队,以显示女方富有、嫁妆丰厚。新娘子由媒人、伴姑娘陪同坐轿到男家。嫁妆到家后,先排列于中堂桌上,焚香烛拜祭之后再搬入新房。新娘下轿后,由新郎抱入家中,同时鸣放礼炮。先由利事婆给新娘洗脸,然后摆供品,点红蜡烛祭祀天地菩萨,行新郎新娘拜堂大礼。即一拜天地,二拜高堂,夫妻交拜。礼毕后入洞房,先由利事婆祝贺新郎新娘喜结良缘、百年好合、早生贵子等吉利话,然后给新娘喂喜汤圆。新郎新娘喝交杯酒,吃箱里果子等。晚宴前,一般先祭祀祖宗。酒宴开始后新郎新娘先给宾客鞠躬致意,然后自上而下逐桌给宾客敬酒,酒宴结束,开始闹新房。新房正中桌上放着糕点、香烟等九种果子,新娘和伴姑娘坐在新床沿,新郎、表兄弟、好友等围坐一圈,边开果子,边说吉利话,或者猜拳行令等,以增加洞房花烛夜的热闹和喜庆气氛。这样,一般闹至半夜。

吉日后的第二天上午,新娘拜见夫家长辈,一般是奉茶敬长辈,长辈授见面礼,同时新娘回赠礼品。第三天,新郎陪同新娘回娘家看望父母,俗称"归三朝"。

过去的婚礼习俗就是这样热闹喜庆,但随着时间的推移,社会的发展,逐渐适应快节奏生活的现代人,日益感觉传统婚礼习俗的烦琐,现在的婚礼程序已经变得越来越简单了,这些复杂的婚礼环节逐渐成为历史,飘散在岁月记忆中了。

（刊登于 2013 年 11 月 26 日《今日新昌》）

县级非物质文化遗产——新昌石氏传统大祭祖

　　清明节又叫踏青节,处于仲春与暮春之交,也就是冬至后的108天。清明节既是农历二十四节气之一,又是中国的传统节日,更是一年中最重要的祭祀节日。清明节大约开始于周代,距今已经有2500多年的历史。

　　清明节最主要的活动内容就是扫墓祭祖。扫墓时间虽并不局限于清明这一天,各地情况有所差异,譬如,有的地方是清明节当天扫墓,有些地方则是在清明节前一周内某一天(寅日除外),我们新昌就属后一种。清明节扫墓祭祖,已经成了中华民族绵延不绝的文化基因,深深地根植于炎黄子孙的血液里。清明节来临了,远离家乡的子孙后辈们都会回家祭祖。许多以孝道传家的家族里,如后辈们春节不能回家过年,还在情理之中,但清明节却是非赶回祭祖不可,不管有多忙,赶回家给已故的亲人上坟才是硬道理。当下正处太平盛世,人们安居乐业,生活幸福。清明节又逢大地回春,万物复苏,花红草绿,天地间一派生机,给先人扫墓寄托哀思的清明节,很多时候变成了人们放飞心情的踏青节。人们在明媚春光中祭奠先祖、尽孝寻根、踏青赏春、娱乐健身,在慎终追远中享受大自然无私的馈赠,这不失为一桩人间乐事。这时节,同宗同姓的人们都纷纷展开寻根系列活动,修家谱,上祖坟,忙得不亦乐乎,我们新昌的石氏传统大祭

183

祖就是其中的一例。

新昌石氏原籍山东青州,为汉代万石君石奋后裔,唐代时已迁居到剡东上冈(今嵊州上江)。唐开成二年(837),石奋三十五世孙石元遂由上冈迁居五山乡石牛镇(今新昌县城),是为新昌石氏始祖。

石氏在新昌一隅开拓基业,世代繁衍,至今已历1100多年。根据2007年底统计,新昌石姓人口已经达到19233人,在新昌众多姓氏排行中,列居第8位,算是新昌的大姓。新昌也已成为中华石姓的主要聚居地之一。

清明节祭祖是石氏历代传统,从20世纪90年代末发展成为数千人同祭秦潮公、元遂公、昉公。场面非常壮观,这在全省也实属罕见。据了解,每年春分后第三天为石氏子孙祭祖规定日。石姓后人现已分居各地,但在石氏祭祖规定日到来时,来自绍兴、诸暨、嵊州、余姚、宁海、临海、天台、象山等地乃至外省宗亲,就会不约而同来新昌拜祭祖宗。

新昌的石氏子孙都清楚地记着2008年3月23日那天的祭祖盛况:上百辆大小客车组成的车队浩浩荡荡,先驱车至嵊州上冈祭秦潮公墓(秦潮公为新昌始祖,他的裔孙遍布绍兴、诸暨、嵊州、余姚、宁海、临海、天台、象山等地),中午时分返回石溪村吃中饭。那一天,石溪村里非常热闹,石姓村民们用丰盛的美食佳肴招待来自四面八方的宗亲们。

祭祖日那天,所有石姓后人要在石溪石公祠祭拜先祖塑像,敲锣打鼓,数千人轮流参拜,每人还可领到一双清明麻糍。祭拜完毕再驾车至沃洲水库边的黄坛平顶、林柘祭拜元遂公、昉公墓。还有不少人还赴南明街道梨木村祭拜双鱼太公(文渥公和亚之公)。

据传,后来的石氏传统大祭祖时,增加了念祭文一环节,再按世系大小轮流参拜,仪式就更为隆重了。

（刊登于 2014 年 4 月 8 日《今日新昌》）

县级非物质文化遗产——新昌造屋上梁仪式

　　在以前的农村,造屋是人一生的头等大事,它倾注了一个人乃至一户家庭一生的心血和辛劳。从前,农村里的人们普遍认为,一个家庭的兴旺发达都取决于菩萨神灵的佑护,所以造屋上梁必须心怀虔诚、谨慎行事。造新房子时,在动土奠基、竖大台门、上梁等过程中的每一个环节,都必须严格按照古老传统的习俗行事,容不得半点马虎。这一套建房过程中需遵循的风俗习惯由来已久,在我们新昌一隅代代相传,即使是当下,此风俗习惯还在各地流传。

　　农村里动土奠基、竖大台门、上梁立柱,都得先请拣日子的先生拣好日子,定下吉时良辰,有一点必须注意,就是不能拣与当家人相冲的日子,不然会被认为是不吉利。

　　当新房要上梁的时候了,亲朋好友一般都会自动带来上梁用的礼品(现在大部分都用礼金代替),有请菩萨用的供品,如鱼、肉、鸡、面、馒头、烟、酒、鞭炮等。上梁前要在新造的堂前请菩萨。堂前中间放两张八仙桌,一张用来请菩萨,这张桌上放六杯酒、猪肉、羊肉、豆腐、活鱼(用红纸包住全身),全鸡现杀,鸡血绕堂前栋柱四周撒去(鸡血撒过,表示以后不再有血祸灾殃)。还要在桌上放一个香炉,香炉上插三支清香,一对大红蜡烛插在烛台上。另外一张桌用来供木匠的祖师爷鲁班(俗称鲁班桌),鲁班桌上放新鲜水果、干果、糖、香烟、两个红包(包钱的红包,是准备发给上梁的木工和泥水工的)、三件木工用具(墨汁、角尺、斧头等)、三件泥水工用具(橹柱、砖刀、泥夹等),还有炮仗、馒头等物。

等上梁时辰一到,当家人点上三支清香祭拜,请求各路神灵菩萨保佑,祭祀语是这样的:今天新屋立柱上梁,祈求能保佑全家老小平安健康、财源兴旺。拜毕,把香插到香炉上,再拜三拜。祭毕,烧完经佛,此时正式开始上梁,栋梁两头由木工和泥水工各拉一端,木工站在东头,泥水工站在西头,二人要放得一样平,插入栋柱上。同时,开始放炮仗(至少要放三个,多则十个)。

栋梁放好后,就开始抛馒头。抛馒头的任务交给负责上梁的木工和泥水工。头几个馒头要抛给当家人,当家人两夫妇用新布毯子拉开接馒头。接到馒头后就包起来放到米缸里。这时木工开始念念有词:"上梁竖柱,天地开张。透到天山,闻至王母娘娘。王母娘娘施下荣华富贵福寿长。金打壶瓶银镶嘴,五爪金龙抓牢洒过去,一杯敬重天,二杯敬重地,三杯敬重鲁班先师,四杯敬重宅基土地,五杯敬重家堂富贵,六杯敬重主人家金银满家,喜洋洋,喜洋洋,大户人家找到好住场,前面朝的是什么地方?前面朝的是凤凰之山。后面坐的是什么地方?后面坐的是青龙之地。主木出在什么地方?主木出在凤凰之山。十八斧哪人砍?十八斧程咬金砍。哪人所抬?三十六大将军、七十二小将军所抬。鲁班先师住在什么地方?鲁班先师家住处州府清平县三八桥头九曲巷弄,弯弯曲曲,曲曲弯弯,乌漆八字台门。喜洋洋,喜洋洋,鲁班先师到作场,左手拿起大木斧,右手拿起八尺杆,肩背角尺,腰插墨斗,脚踏青山量一量,从大头量到小头,一寸勿长,一寸勿短。取起第一段树做大梁,第二段树做二梁,第三段树做栋柱和串栅,第四段树弯弯曲曲做架头和楸楣,第五段树东边做起一只大作马,一只作马三只脚,两只作马凑成双,第六段树东边做个金银柜,第七段树西边做个五谷仓,第八段树架头两牙镶,树头树尾有的多,做一对爪子榔头大银洋,大的榔头七寸五分长,小的榔头五寸五分长,鲁班先师手拿榔头敲到东,代代子孙做相公,手拿榔头敲到西,代代儿孙穿朝衣,手拿榔头敲到南,代代儿孙中状元,手拿榔头敲到北,代代儿孙享富贵。请问主人家要富还是要贵?"主人家回答:"富也要,贵也要!"负责上梁的木工念的柱头经词句虽各有不同,但意思大抵相同,都是说彩话、好听的吉利话。

念好柱头经,继续抛馒头,全村的男女老少都可以来捡馒头,分享主人家的喜悦。抛完馒头,上梁仪式就算完成了。当天晚上,帮忙造新屋的木工、泥水工、小工及亲朋好友都聚在毛坯新屋里吃竖屋酒,气氛很是热闹喜庆。

(刊登于 2014 年 5 月 6 日《今日新昌》)

县级非物质文化遗产——阴晴灾害天气的预测知识

　　五千年连绵不断的中华文明,留下了浩如烟海的文化遗产,成就了中国在世界文明中的独特地位。文化遗产,包括看得见的有形文化遗产(也称物质文化遗产),也包括看不见的无形文化遗产(也称非物质文化遗产),还包括天地造化的自然遗产。其中,非物质文化遗产是祖辈留给我们的精神文化遗产,大致可分为语言、民间文学、民间表演艺术、传统手工技能、传统节庆与礼仪习俗、有关自然界和宇宙的知识及实践等六大类。这些分类足见非物质文化遗产的丰富多彩,古人在与自然界做斗争的过程中积累下来的对阴晴灾害天气的预测知识,就属于一项宝贵的非物质文化遗产。

　　古代人没拥有现代科学技术,不能像现代人一样靠气象卫星准确预测天气,只能日积月累生存经验,预知全年、月、日气候变化及灾难情况。我们新昌先人留下的"十月照"就能预测全年每月的晴雨情况。

　　先人们观察到,农历十月初一到十二,一日天气决定一个月,如这几天里某上半日晴说明某上半月晴;如某日下雨,说明某月基本下雨。即如十月初三下雨,预示着来年的三月基本下雨。古人们还把这些预测知识编成朗朗上口的民谣,便于传诵,对后人非常有参考价值。如四季"甲子雨"对全年至关重要,就有下谣：

春甲子雨,蚕黄麦死。夏甲子雨,地虫损禾。秋甲子雨,禾生双耳。冬甲子雨,大雪纷飞。甲子头年丙子旱,戊子蝗虫庚子乱,唯有壬子水泛滥,俱在正月上旬日。

一年十二个月,每个月都有相应的天气预测民谣,如：

正月

岁朝宜黑四边天,大雪纷飞是旱年。

最好立冬晴一天,农夫不用力耕田。

春天起雾天要变,阴雨绵绵无晴天。

正月南风雨水长,走亲访友不理想。

二月

惊蛰响雷,廿四日大门难开;春分有雨病人稀。

月中若得逢三卯,到处棉花稻麦宜。

三月

三月南风人舒服,蒲瓜茄菜都落地。

清明风若从南吹,农夫定然好年头。

虹高日头低,明日穿蓑衣。虹低日头高,明日晒断腰。

东虹日头西虹雨,南虹刀枪北虹粮。

清晨起海云,风雨霎时来,早上云成堡,大雨就来到。

日出云遮天,无雨天必阴,早看东南星,势必年前雨。

晚看西北黑,半夜看风雨,乌云接日低,有雨半夜里。

四月

立夏寒风少疾病,初八逢晴果生多,雷鸣甲子庚申日,防止病虫损稻禾。

雨打立夏,无水洗耙。

五月

五月南风大水涨,夏至响雷塘底煤灰。端午有雨是斗年,芒种闻雷美亦然。

夏至风从东北起,有风有雨水绵绵。夏至起雾不见面,尽管有雨湿衣衫。

六月

六月南风晒断肠,六月日头晚娘的拳头。此季若不见灾厄,定是立冬多雨雪。

东角闪雷一场空,西角闪雷一片风。南角闪雷火门开,北角闪雷雨就来。

早雷不过晏(中午),昼雷打打散。夜雷三夜雨,雷雨拖尾巴,三夜不用话。

七月

七月秋(交秋)件件收,八月秋听其候。立秋无雨农夫忧,从来万物难丰收。

初三落雨田晒白,初四落雨岩晒尺(裂)。三伏之中逢酷热,田中五谷有少结。

处暑若是天下雨,作物结实也难留。

八月

秋分天气白云多,到处欢歌好晚禾。只怕秋分雷电闪,冬来米价道如何。

秋天大雾扑人面,当天太阳火炎炎。季节测雾很重要,时间征候是关键。

冬晴大雾非阴雨,早晨起雾天不雨。夜里起雾雨绵绵,雾色发白是晴兆。

雾色灰沉阴雨连,雾上山头有大雨。雾下河谷艳阳天,久雨大雾起晴天。

九月

初一落雨侵损民,重阳无雨一冬晴。月中赤色人多病,若逢雷雨米价增。

十月

立冬之日怕逢壬,来年高田枉费心。此日更逢壬子日,灾情疾病苦人民。

十一月

冬天大雾飞满天,大雨大雪追后边。初一有风疾病多,更逢大雪有灾祸。

冬至天晴无雨色,来年定唱太平歌。

十二月

初一东风六畜灾,若逢大雪旱年来。若然此日天晴好,下岁农夫发大财。

冬去春来,时光荏苒,农耕岁月虽然随着时代车轮已渐行渐远,但那些久远的岁月沉淀下来的一则则天气预测民谣,却如一粒粒闪着智慧之光的宝石,镶嵌在时光隧道上,永久地留在世人的记忆里。

（刊登于 2014 年 2 月 25 日《今日新昌》）

第二章　用心守护

坚守一生的调腔梦——记国家级非遗传承人章华琴、省级传承人吕月明夫妇

新昌调腔旦角演员章华琴是第一批国遗"新昌调腔"的国家级传承人,其先生吕月明是新昌调腔剧团的乐师,是"新昌调腔"的省级传承人。第一次去他们家拜访二老,那场景虽时隔多年,却记忆犹新:吕月明对着新整理的调腔古谱用手打着拍子,章华琴依着老伴的手势节奏,一板一眼地唱着调腔曲调……老两口琴瑟相和地坚守在悠扬古朴的调腔世界里,一守就是一辈子。

章华琴,今年73岁,17岁考入浙江省新昌县调腔剧团学做小旦。从学生到演员到老师再到被返聘回单位工作,至今已过去57个春夏秋冬。丈夫吕月明,今年75岁,早章华琴1年考入新昌调腔剧团学做乐师,后来成为剧团的司鼓、老师,退休后仍和老伴一起,被返聘回剧团,前后掐指一算,足足58年。58年里,二老见证了新昌调腔的繁荣、鼎盛、衰落、重现生机等起起落落的整个发展史。调腔是二老生命里最重要的精神支柱,因为有调腔,二老觉得生活才如此丰富,生命才能如此圆满。二老极度钟爱调腔,除了手把手地用心向一代代的调腔传人传授调腔技艺,吕月明还利用教学生的时间间隙,在方荣璋先生编写的《调腔乐府》和调腔剧团所保留的其他音乐档案的基础上,扩编了《调腔音乐集成》。调腔让他们走到一起,结为连理,一个台前,一个幕后,妇唱夫随,两口子相守了一辈子,调腔也陪伴了他

们一辈子。

结缘调腔

新昌虽属于偏远山区,但风光旖旎,人杰地灵,而且还是一个戏曲之乡。在众多的地方戏曲中,尤其是调腔,在新昌演出活动非常频繁。明代《新昌县志》中记载:"正月望前,市人俱出钱做灯,又做戏文通宵达旦,至十六七才止。"说的就是当地人争看、争演新昌调腔的盛况。在 20 世纪二三十年代,新昌还有 20 多个专门的调腔班,新昌县镜岭镇下潘村,一个村里就出了 19 个调腔演员和 7 个调腔乐师。

听章华琴介绍,她父亲就是个十足的戏迷,受父亲影响,她从小对戏曲就情有独钟。刚上小学时,母亲为了满足她的心愿,给她买了一本越剧曲谱,这对于她来说简直就是一件宝贝,没事就会唱上几段。唱到兴头上,还会把床当戏台,床单当戏服,沉浸在自娱自乐的唱戏表演中。

8 岁那年,父亲带着全家从杭州移居到故乡新昌县儒岙镇,也就在那时,章华琴第一次看到新昌县调腔剧团的表演。不过那时候沉迷于自己的越剧世界中,章华琴也因此与调腔擦肩而过。1957 年,父亲为了让章华琴的从艺之路有保障,带她去报考新昌县调腔剧团。可当时章华琴对越剧的情结太深了,没有听从父亲的安排,而是偷偷跑去学了两个月的越剧。直到 1958 年,县调腔剧团在儒岙招学员,父亲又一次替她报了名,当时是抱着"只要让我唱,唱什么都行"的心态,可是没想到后来自己的一生都与调腔联系在了一起。

刚进入调腔剧团时,有种种不适应,不管是起声还是调腔,唱着唱着就唱跑了,唱到越剧那儿去了。当时的指导老师告诉章华琴,她唯一的办法就是放弃越剧专攻调腔。老师的话让她思索良久,她想既然已经选择了调腔,要唱就要唱出个名堂来,于是下定决心从此忘掉越剧。为了做到这一点,她给自己立下规矩:此生再也不听、不唱一句越剧。如今整整 56 年过去了,章华琴依然恪守着自己的诺言。为了调腔放弃了热爱 8 年的越剧,也正是因为这样的代价,在后来学习调腔的每一天她都倍加珍惜和努力。要想学好一门艺术就要全身心地投入,这是章华琴一直坚持的信念,这一生选择调腔她也从没后悔。

章华琴一直坚持的信念,也是丈夫吕月明坚持的信念,妻子一生选择调腔从没后悔,吕月明更是无怨无悔。

孩提时代,家住新昌城关镇的吕月明常到城区的止水庙戏台看调腔,看到调腔演员都是上了年纪的老人时,幼小的心灵不禁萌生这样的念头:调腔演员应该更年轻点,如果要招收小演员,我一定去报考。人生有时会出现许多巧合,想考调腔剧团的吕月明果然遇到了机会。1957 年,调腔剧团招收新演员了,初中刚刚毕业的吕月明,不顾父母的反对,报名参加了考试,结果一举成功,如愿成了调腔剧团乐队里的一员。

苦练调腔

"梅花香自苦寒来,宝剑锋从磨砺出",从艺道路上的辛苦不是苍白的文字能表达尽的。由于调腔的音高比越剧高很多,初学时,章华琴的高音总达不到应有的水准,总是被声腔老师批评说声音像蚊子叫。为了克服这个问题,当时每天早上 5 点就起床,对着县城里的城墙练发声。那时天还很黑,心里也有点儿害怕,每次出门章华琴都要给自己壮胆,不过偶尔碰到人,对方反而会被她吓走。日复一日,不到半年的时间她的音高就达到了老师的要求。每次回忆起那段苦学调腔的热情与执着，章华琴都会激动不已。没过多久，团里就同意章华琴可以跟随团里的老艺人登台表演了，虽然刚开始只是"路人甲""路人乙"的角色，但是每次她都特别认真对待，感觉自己就是舞台上的主角。之后跟随调腔旦角名家赵培生老师，用 3 年时间学会了 60 余本调腔传统剧目，成为团里主要的旦角之一。

吕月明进团后，开始学古板。古板又称司鼓，相当于交响乐团的指挥，不仅要指挥整个乐队，还要掌握前台演员唱念做打的节奏，连整个舞台效果也要把握。因为新昌调腔的演唱风格独特，是"不托丝竹、以板助节，锣鼓帮扶、后场帮接"的老南戏"干唱"形式。因此，调腔的古板更是不同于其他剧种，属于入统纲，不仅前台演员的道白、唱腔都要了然于心，后场帮腔时，古板应是第一个帮腔，代表丝竹来托腔。如果前台演员开唱音太高或过低或跑调，古板都要帮助纠正，所以调腔里的古板一职可谓重要。吕月明初学古板时，可是下足了功夫。为了练手腕的力度，他把敲鼓的竹签换成铁签，在剧团门口的石板上苦练，硬是在又厚又硬的石板上敲出了两个洞。凡是剧团排练好的戏，全剧的情节、演员的道白和唱腔，吕月明都会记得滚瓜烂熟。白天苦练技艺，晚上用笔头尖尖的刻字笔在蜡纸上刻曲谱，然后像最原始的印刷工人一样，用油墨在纸上印刷，帮团里分担劳力活。据吕月明回忆，有时刻着刻着，夜深了，人困了，睡着了，刻字笔就从手里自然滑落，直到笔尖刺到脚背上，才被痛醒。

20 世纪六七十年代是章华琴、吕月明夫妻俩演出最多的时期。当时不管是演传统戏《闹九江》《北西厢》，还是演现代戏《三月三》《红灯记》，都赢得了观众极大的认可。那时下乡演出十分艰苦，不仅要演戏，剧团的日常事务都需要演员亲力亲为，团里不配备剧务。演员演完戏,寒冬腊月要下河洗菜、刷碗、洗衣服,一双手有时冻得都没有了知觉。最难忘的是,当年章华琴生完孩子还未出月子就去排演《红灯记》,因为时间很紧,加上任务又重,根本顾不上休息,没日没夜地排练,直至累到吐血,从此落下了支气管扩张等毛病。直到现在,只要飙高音嗓子就受不了。

不仅从艺艰苦,老无所养也是调腔艺人最大的担忧。章华琴、吕月明夫妇还算幸运,赶上了好时候,但是他们的好多师傅年老后回到乡下生活,日子都过得紧巴巴的。为了尽一点心意,前几年他们从自己的工资中拿出一部分来贴补师傅。可没想到,接济不到两年,师傅就离世了。二老都觉得是赶上了好时候,政府和剧团非常重视他们这一批老艺人,每个月有固定的退休金,对他们的生活也是无微不至地照顾着,让他们可以毫无顾虑的继续坚守着调腔。

传承调腔

20 世纪 80 年代,调腔日渐式微,为了精简开支,剧团一方面大批裁人,另一方面不少人因为待遇等问题也纷纷另寻出路。章华琴、吕月明夫妇也有过一走了之的念头,可是一想到技艺的失传问题还是选择了继续坚守。调腔的一些绝活和表演特色是以艺人代代相传的形式传承下来的,许多珍贵的艺术以影像和纸质资料形式保存下来的几乎没有,随着一些老艺人的去世,有些技艺已经失传了,如果他们这一代都放弃了,调腔的传承要真的后继无人了。因此,章华琴夫妇就义不容辞地选择了坚守。

章华琴告诉笔者,虽然有他们一些少得可怜的老艺人的坚守,但要想将调腔这一地方剧种彻底传承下去,还必须得改变现状。2006 年,新昌调腔成功入选首批国家级非遗名录,保留有元杂剧风范的新昌调腔引起了多方关注,新昌政府也出台多项举措积极扶植。为了技艺的传承,他们一批老艺人多次呼吁要开调腔训练班,2007 年,新昌县调腔剧团与当地艺校联合开办了调腔中专班,这是时隔 20 年后的又一次开班,是第七代调腔传人的集中培养。这次精心挑选了 30 名学生组建了新昌调腔五年制中专班。像章华琴、吕月明这代老艺人将调腔的继承与弘扬的希望全部寄托在这批小学员身上,因此老人们在这些孩子身上也确实付出了很多心血。在学校授课期间,因为学校离县城有段距离,他们每天都是早早过去,很晚才回来,有时干脆就住在那儿。他们虽然体力上有些疲倦,但是心里都是满满的喜悦,每天工作都觉得特别有精气神。吕月明老师更是惜时如金,教学之余,埋头整理调腔古戏曲牌。因为调腔的曲谱是特别的蚯蚓符号,而认识这些蚯蚓符号的人大多已经过世,吕老师怕这些珍贵的文化遗产绝迹,乘有生之年忙着把这些难懂的蚯蚓符号翻成简谱,一口气翻了 7 本,并耐心地将技艺传授给两位徒弟邢奏滨和张樟海。

章华琴老在感叹世上的事大多是事与愿违。2012 年,调腔中专班的孩子毕业了,但刚好又遇上了院团改革,不能像招收当初计划的那样,全部进入调腔剧团工作。那段时间老两口也特别消沉,心里有说不出的难受:孩子学了那么多年,等到毕业了工作还没有着落。不过这两年来,新昌县政府对调腔的保护和开发非常重视,在资金保障下编排了许多新剧,许多学员又陆续回到剧团,走上舞台。县政府还为优秀的调腔演员解决了编制问题,让他们能够安心地将调腔这一地方非物质文化遗产继续传承下去。

章华琴、吕月明二老觉得调腔的魅力还未被完全挖掘,这一事业的传承,需要新老从业者的共同努力。同时,一个演员的文化修养非常重要,而要提高文化修养就必须多读书,书看的多,对人物角色的理解就深。对角色理解深度也直接决定着观众的认可度及数量。而观众的认可度和数量又直接决定调腔的未来,所以他们认为不能关起门来搞艺术,应该赋予它更多的时代气息。章华琴夫妇期待着哪一天新昌的老百姓都能随口哼上几句调腔,调腔成了新昌百姓耳熟能详的流行乐,那他们的传承工作也就成功了。这是老两口心系一生的一个梦,一个至真至诚的调腔梦。

（此文获 2014 年浙江省文化厅"中国梦·我的非遗梦"主题征文比赛二等奖）

坚持书写新昌梨园的动人传奇——记省级非遗传承人王莺

被喻为"中国戏曲活化石"的新昌调腔至今约有600年历史，可谓"戏曲鼻祖"，曾在明中叶盛极一时，流行于杭、嘉、湖、宁、绍、台广大地区，抗日战争后，新昌调腔仅在新昌一地得到保存，新昌调腔剧团故成为"天下第一团"。新昌调腔也于2006年5月被国务院列入第一批国家级非物质文化遗产名录，这本身就是中国戏曲界的一个传奇。

新昌调腔是"南腔北调"的剧种，虽然生存在杏花烟雨的江南，但其起源却在风刀霜剑、尘土飞扬的北方。所以，调腔不同于越剧，越剧演绎的多是"私订终身后花园，落难公子中状元"之类的家事。而调腔表演的却常是荡气回肠的天下事，多属大戏，譬如《闹九江》《程婴救孤》等。因此，在越剧剧目里，小生是男一号，但在调腔剧目中，男一号通常是老生。而在新昌调腔剧团里主演老生的却是一位女演员，名叫王莺。她既是新昌调腔保护传承发展中心的副书记，又是国家二级演员，同时也是新昌调腔的市级非遗传承人。台下风姿绰约的她，台上呈现的却都是坚毅阳刚的真汉子，或铮铮铁骨，或大义凛然，或两袖清风，如《闹九江》里的张定边，《程英救孤》里的程婴，《甄清官》里的甄完。一个个硬角色在王莺的生动演绎下，栩栩如生，魅力无限。

"台上一分钟，台下十年功"，此言不假。王莺在风光背后所付出的艰辛，只有她自己知道。今年农历正月初十，剧团在梅渚镇铁牛村演出《程婴救孤》，王莺出演剧中程婴一角，由于长年活跃于舞台，积劳成疾，王莺在台上休克了。原来是甲状腺结节严重，只能动手术切除。手术后数月，王莺又于国庆节期间登上舞台，为新昌百姓倾心演绎她所钟爱的调腔了。

由于市场化浪潮的汹涌袭击，社会节奏日益加快，电视、网络等已经成了人们娱乐的主阵地，传统戏剧不再受广大老百姓的青睐了。作为只有我们新昌一隅才有的调腔，发展前途更是堪忧。1987 年，17 岁的王莺考进了新昌艺校调腔戏训班，师承浙江省戏剧家协会会员、市级调腔传承人张英正，主学老生演员行当。夏练三伏，冬练三九，练嗓子，练功夫，王莺用汗水挥洒青葱岁月，默默地在小小的新昌梨园里书写传奇。事实上，王莺刚开始学调腔那会儿，调腔已经日渐式微。也就是说，1987 年和王莺一起考入新昌艺校调腔戏训班的小演员们，一开始就在从事即将没落的行当。剧团难以维持生计，许多老演员都改行，纷纷离团另寻生路。难能可贵的是，王莺却把调腔看成是生命的全部，一招一式，一腔一调，都学得格外上心。"功夫不负有心人"，1991 年，王莺携《吊死煤山》中崇祯皇帝一角参加省、市第二届小百花会演，获"优秀小百花奖"。其高亢亮丽的嗓音，精彩到位的演绎，以及潇洒自如的功夫引起了戏曲界各方关注。上海越剧院的张派创始人、著名老生演员张桂凤更是对王莺青睐有加，力荐其去上海越剧院，主攻越剧老生行当。由于师父张英正的极力挽留，以及自己对调腔的独钟情节，王莺拒绝了张桂凤老师的邀请，放弃了可以进上海越剧院的机会，选择了在家乡清贫地坚守新昌调腔的别样人生。

人可以有很多种活法，有的人向往安逸自如地活着，有的人却希望活得有声有色,铿锵有力。无疑,王莺选择了后一种活法。虽然新昌调腔是稀有剧种,只有在新昌得到保存,演员即使把调腔唱得再好,演得再棒,出了新昌就没人能知道。但王莺没有放弃,她始终在坚守自己的调腔人生。"守得云开见月明",2006年,新昌调腔成功入选第一批国家级非物质文化遗产名录。保留有元杂剧风范的新昌调腔开始引起了多方关注,新昌政府也出台多项举措积极扶植。新昌调腔复活了,重现生机的机会终于到了,王莺的坚守也开始得到回报了。2006年,王莺参加绍兴市第十届戏剧节,在《闹九江》中饰演张定边认此获得了"特别表演奖"。2007年参加浙江省第十届戏剧节,在《挑水伯》一剧中饰演挑水伯荣获"优秀表演奖"。2008年12月,她又被新昌县人民政府授予"第十届'金茶花'文学艺术奖贡献奖"。2011年她荣获了"新昌县第八批专业拔尖人才学科技术带头人"称号,同时又被推荐为新昌县第九届政协委员。2010年起,新昌调腔剧团在县委、县府、县纪委等部门的大力支持下,开始排练新编廉政调腔戏剧《甄清官》,王莺饰演该剧主角甄完,该剧在绍兴、杭州、北京等地巡回演出,王莺受到市、省、中央各级领导的亲切接见。王莺精湛的表演艺术终于走出新昌,走出浙江,走到了北京,得到各级领导和戏曲界专家、观众们的高度肯定。2017年底参演中宣部、文化部组织的2018年新年戏曲晚会,党和国家领导人观看了演出。2018年王莺获得了浙江戏剧最高奖"金桂奖"。2019年初,王莺凭借《闹九江》张定边一角的精彩演绎,荣获了"白玉兰"主角奖。

　　2016年起,王莺任重道远地担任起新昌县调腔保护传承发展中心的主任,新昌调腔剧团的团长,真正成了600年新昌调腔保护传承发展的领头羊。四年来,在王莺的领导下,新昌调腔得到了凤凰涅槃般的重生,重排调腔传统戏,创排调腔时戏,带领调腔剧团辗转北京、南京、武汉等大城市演出。更值一提的是,新昌调腔积极响应省厅"高雅艺术进校园"的号召,古老调腔唱进了北京大学、南京大学、武汉大学等国内响当当的高等学府,在年轻一代大学生心里播下了新昌调腔的种子。

王莺在小小的新昌梨园里书写了一个大大的传奇。

（刊登于 2014 年 11 月 18 日《今日新昌》）

使宫廷古曲重新萦绕新昌山野的乡间雅士
——记省级非遗传承人石菊林

2014年的10月1日中午11:30—12:00,梅渚镇下衣村里的"十番"队员们都兴奋地守在收音机旁,难耐激动心情。因为收音机里播放出来的动听雅乐"十番",可是他们那一双双既会采茶又会插秧的糙手弹奏出来的,而且还上了中央人民广播电台《文艺之声》频道。这是一档对祖国母亲65周岁特别献礼节目,故选择在国庆节当天播出。

听听不容易,想想更激动。一群新昌梅渚农民竟然会演奏古代宫廷雅乐,而且还可以在中央人民广播电台播出,让全中国的人们都能领略到我们新昌农民演绎的当代传奇,这真的是一件值得庆贺的事情,令人自豪!但最感觉自豪的要数"十番"队的重组者——石菊林。

"十番"又名"圣莞十番",因《论语》中"子之武城,闻弦歌之声,夫子莞尔而笑"而得名,属宫廷古曲,清代道光年间由庠生石益铭先生引进至黄坛村。据南朝石氏宗谱记载,石益铭先生是当时有名的文人雅士之一,年轻时常经商于苏杭一带。先生在苏杭偶遇一位沦落江湖的歌姬,歌姬善琴艺,精音律。而当时的黄坛,有一批已染恶习的沦落子弟。石益铭先生为挽救这批沦落子弟,并想使其走上正道,就想办法把他们组建成了一支"十番"队,请带回黄坛的苏杭歌姬为师,并尊为上宾,由她来调教这班黄坛良家子弟。"十番"古曲内涵深远,旨在修身养性,提高文化艺术领悟力和品德修养。古曲教育"十番"子弟做人要有章有节,循规蹈矩。"学圣贤、享欢乐"是学习弹奏"十番"的宗旨。

几经轮回,至中华人民共和国成立初期,"圣莞十番"已传到第四代传人手中。当时的"十番"队由20来人组成,演技已达到一定水准,在新昌几支"十番"队伍中成为佼佼者。1953年和1957年曾两度参加县文艺会演。北京观摩团与"十番"人员拍照留念,并在《光明日报》发表了通讯报道。1978年,因筑长诏水库,作为库区的黄坛村需移民,无奈"十番"人员就开始星散四乡,久而久之,古老"十番"濒临失传。

石益铭先生第五代孙石菊林义无反顾挑起了抢救"十番"的重任。2007年,石菊林组织尚健在的8位"十番"老艺人及10余位"十番"后裔,自掏腰包万元之余,添购乐器,无法购置的就动手制作。在老艺人带领下,坚持数月学练,终于在2007年5月5日,重新奏响"十番"古乐之声,这使8位老艺人激动万分。同年9月参加首届农民文化节,10月在"新泰杯"天姥山民俗文化展演中荣获二等奖。2009年"十番"被列入新昌县非物质文化遗产名录,同年10月又被列入绍兴市非物质文化遗产代表性名录。

"十番"古曲能够获得重生,石菊林先生功不可没。"付出总有回报",石菊林自然成了绍兴市非物质文化遗产名录、传统音乐"十番"的市级代表性传承人。初见石菊林,就觉得他就是一位举止儒雅、谈吐优雅的民间雅士,浑身上下透露着"十番"传人的高雅气息。石菊林告知笔者,他是1943年9月生人,出生地是大市聚镇黄坛村。因为长诏水库的建造,举家于1978年8月移民于梅渚镇下衣村。虽然故土已成水泽,风貌不再,但"十番"

古曲却始终萦绕在石菊林心田，从未走远。2007 年，一种来自内心深处的"文化担当感"使石菊林开始寻找星散四乡的"十番"传人，重组"十番"队。精力、人力、物力，全方位无保留地付出，石菊林的所作所为让人感动。"十番"曲调高雅清丽、悠扬悦耳，每个曲牌都有其深刻的内涵，前后呼应、层次分明。古曲常以时缓时快的节奏把人们带到与世无争的世外桃源，悠扬的乐声在空中飘荡，常让人产生一种穿越时空的恍惚感。

当"十番"古曲每一次在梅渚镇下衣村响起，石菊林的内心总是充满了幸福感，这悠扬悦耳的乐声是对他全力付出的最大回报。

这位拯救古曲"十番"的乡间雅士——石菊林先生值得我们尊敬。

（刊登于 2014 年 11 月 4 日《今日新昌》）

用纤细银针传承古老医术——记市级非遗传承人梁德斐

中医针灸疗法已有几千年传承历史。自晋代起,佛教开始在新昌盛行,新昌灸法传人多在寺庙和庵堂为百姓施治,所用多为化脓灸。新昌的梁氏针灸疗法正是继承了几代僧人的医术,并在此技术上不断完善发展,成为新昌一隅乃至周边地区百姓的健康良方。

任何一项非物质文化遗产都是经过一代代传承人口耳相传才一脉相承的,新昌梁氏针灸疗法亦如此。梁氏针灸的创始人是已故的梁桢医师,梁德斐是梁桢的女儿,自然成了新昌梁氏针灸疗法的第二代传承人。"医者父母心",梁氏父女都是怀揣悲天悯人济世情怀的医者,他们用一枚枚纤细的银针无言地传承者古老的针灸医术,为无数患者解除病痛,他们是上苍派给人间的天使。

人活在世,生病求医在所难免。或许,多数病人无意于记住给自己看过病的每一位医生,但是有一部分人却始终不可能忘记曾给他们针灸过的梁德斐医师。说起梁德斐医师,许多新昌乃至周边地区的老百姓都记得她的好,她的精湛医术及其体现出来的高尚医德就像一座丰碑,永立病人心田。

梁德斐是副主任医师,针灸专家,1950年出生于市名老中医之家,从事针灸临床工作35年,撰写学术论文33篇。以刻苦的学习精神,救死扶伤的高尚医德,继承和发扬祖国传统医学,为解除病人疾苦竭尽全力。从医以来,曾担任浙江省针灸学会理事,对针灸临床颇有研究,在针刺和艾灸并用中积累了丰富的临床经验。运用针灸治疗颈椎病、肩周炎、骨质增生、腰椎间盘突出、坐骨神经痛、面瘫及各类神经损伤后遗症有其独特效果。曾被授予省、市、县优秀共产党员,省、市、县卫生系统先进个人,市、县十佳医务工作者,白求恩式医务工作者,省、市"三八"红旗手,县人大代表等荣誉。据了解,梁德斐在职期间每年接诊病人12000余人次,每天起早贪黑地看病,医院里上下班时间对其几乎没有什么意义,上班时间到时,她早就在替病人看病了,下班铃响时,她的诊室里,病人依旧在排队等候治疗,因为病人们都知道,这位梁医生绝对不会因为下班时间到了,而停止给病人看病的。来梁德斐医师这里看病的患者遍及杭州、新昌、桐乡、天台、嵊州、宁海、奉化,以及安徽等地。其精湛的医术和高尚的医德早就赢得了四方病人的普遍赞誉。

再先进的医术,如果没有生生不息的传承就会失去其应有的生命力,梁德斐医师深谙其中道理。因此,她尽自己最大的努力积极扶植引导,并开发利用针灸医术。梁德斐以新昌中医院为保护基地广泛培养针灸人才,通过传承和老师带徒的方法,使梁氏针灸疗法得到传承和发扬,将梁氏针灸疗法毫无保留的予以传授,最可贵的是,梁氏针灸疗法的传承人都是医德楷模,如岳艳、潘亚英、潘良、吕林燕、王军霞、俞洪、俞金娣等,他们都已娴熟地掌握针灸医术,故传承成果很是显著。梁德斐使梁氏针灸疗法得到了最好的活态传承。"生命不止,奋斗不息。"心中装着病人的梁德斐如今虽退休10多年,但依旧奋斗在救死扶伤第一线,老有所为,老有所乐。2000年退休后先后被浙江省中医院、新昌县中医院、杭州西湖街道社区卫生服务中心等聘用。更值一提的是,如今,梁德斐医师还在杭州创办了梁德斐中医诊所,并返聘于浙江中医药大学第二门诊部专家门诊,将新昌梁氏针灸疗法发扬光大到了省城,更大程度地实现了其"悬壶济世"的高尚情怀。

（刊登于 2014 年 10 月 28 日《今日新昌》）

苦撑"调腔古船"艰难前行——记市级非遗传承人丁黎鸿

"不托丝竹、以板助节,锣鼓帮扶、后场帮接"是新昌调腔的演唱风格,具有老南戏"干唱"形式,为广大戏曲研究专家所津津乐道。新昌调腔穿过悠远的时间隧道,清丽高亢地在世间传唱了600多年,如今只在新昌一隅得到了传承,成了名副其实的"戏曲活化石",成了古人联系今人一条飘忽不定的纽带。随着经济社会的快速发展,市场化浪潮差点把这条纽带扯断,幸亏党的十七大提出的文化大繁荣大发展之政策,又把新昌调腔从苟延残喘的险境中救活,但到底能延续多久?这始终是留在新昌调腔剧团团长丁黎鸿心头的一个解不开的疙瘩,为此,丁团长总是忧心忡忡。

丁黎鸿既是新昌调腔剧团的团长,也是新昌调腔的市级传承人。他11岁就考进调腔艺训班学习,主攻小生行当,先是师承时任浙江省戏剧家协会会员俞培标,再师承国家级调腔传承人蔡德锦,改从事小生兼小丑行当。进团至今,一晃已有41年光景,可以说,丁黎鸿的命运从懂事起就和新昌调腔联系在一起了。

说起新昌调腔,丁黎鸿总是如数家珍,他说,新昌调腔源于"宋元南戏"。宋元南戏,简称"南戏",又称"戏文",北宋末年形成于江、浙、皖一带。明代作家祝允明在《猥谈》中记叙,"南戏出于宋徽宗宣和年(1119—1125)之后,南渡之际……"明初至正德年间(1368—1521),北杂剧(元杂剧的别称)趋向衰落,南戏却得到发展。它在各地演出中与当地民间艺术相结合,并吸收了北杂剧与古声腔"吹腔"等部分曲牌、剧目及表演艺术,发展得相当兴旺,于明初南戏分成两个主要流派,即"余姚腔"与"海盐腔"。据现代许多戏曲理论界学者论述,认为"新昌调腔"属"余姚腔"一派。进入明传奇时代后,产生了诸多名剧,如《牡丹亭》《玉簪记》《水浒记》《三关记》等,也均在"新昌调腔"中得到保存。

春去秋来、花开花落,新昌调腔也如世间万物一样,生存着、发展着,即使经过 600 多年的风霜洗礼,也仍难逃由荣转衰的铁律。虽然有党的好政策全力扶持、丁黎鸿团长的尽心把舵、全团演职人员的忠贞坚守,但猛烈的市场化浪潮还是将古老的调腔冲击得体无完肤、前途堪忧。虽然近年来的文化体制改革让部分调腔演员的基本生活得到了保障,由本来的差额拨款转成了全额拨款以事业编制,但还存在一半多的演员的工资发放问题,这如断了线的风筝在空中漂泊,无处着落。作为单位负责人,这成了丁黎鸿最大的心病。

"有作为才有地位",丁黎鸿深谙其中道理。为了振兴古老调腔,剧团一直在努力。2007 年 9 月,他开办了 5 年制调腔中专班,从全县范围择优录取了 35 位 13—15 岁的少年,在老艺人手把手地教导下,系统学习调腔艺术。这批小演员现已出师,已经能在舞台上独当一面,为古老调腔注入了新鲜血液。他积极创排调腔剧目,自 2005 年 5 月以来,排练与演出的剧目有《八义图》(南戏)、《白兔记》(南戏)、《红神》(宋杂剧系列)、《闹九江》、《目连戏韵》、《乱云飞》、《白兔记·出猎》、《挑水伯》(获省剧目大奖)、《北西厢·请生》(获省文化遗产日奖,全国优秀传承奖)、

《三箭定天山》、《甄清官》等,其中《闹九江》获绍兴市戏剧节银奖;《目连戏韵》获浙江省群星奖;《乱云飞》获绍兴市金奖,浙江省铜奖;《白兔记·出猎》获文化部文化遗产日奖;《挑水伯》获浙江省剧目大奖;《北西厢·请生》获省文化遗产日奖,全国优秀传承奖。2013年7月24—29日,剧团赴港参加"第四届中国戏曲节"演出。在中国香港油麻地戏院共演出5场19出古戏折子戏,剧目有目连戏《男吊》《女吊》《白神》,《北西厢》之游寺、请生,《玉簪记·偷诗》,《牡丹亭》之入梦、寻梦、闹判,《汉宫秋·饯别》《关云长千里独行》等。

其中《甄清官》为调腔原创廉政戏,取材于新昌籍历史名人的真实故事,曾10余次易稿排练得出的精品,分别赴绍兴、杭州、北京等地演出,得到各级领导、戏曲专家,以及观众的好评与肯定。

近年来,为了生存,剧团也总在逢年过节时节,携所排大戏下乡演出,所到之处,盛况空前。台上演员倾情演绎,台下观众认真观看,中途退场的观众少之又少,而且观众群体中也不乏年轻人,因为调腔剧目多属大戏,对演员的功夫要求较高,如"男吊"之类高难度的功夫戏总能吸引众多年轻人驻足观看。这说明,即使在大众娱乐方式多元化的当下,古老调腔的魅力也有其生存空间。但丁黎鸿团长说,无奈调腔剧目的演出成本特别高,不像越剧之类剧种专演文戏,几个演员,穿上戏服,带上简单道具,就可以粉墨登场了。但调腔剧种属于大班戏剧种,光演员就需要好几十个,文场武戏、后场帮腔、编剧、导演、舞美、作曲都需要专职人员。所以一台调腔戏,成本就需要1万多元,而观众的需求永远是既要戏好看,价格又要低廉,最好可以免费看,所以演出市场也并不令人满意。

丁黎鸿总说,保护、传承、发展调腔这一门古老而富有活力的戏曲艺术,是每一个调腔人义不容辞的责任。而作为团长,他觉得肩负的责任更重,真的是任重道远。

　　(刊登于 2014 年 10 月 21 日《今日新昌》)

在秦砖汉瓦里捕捉艺术灵感——记市级非遗传承人俞秋红

　　古建砖瓦与砖雕艺术源远流长,起源于商周,发展于唐宋,鼎盛于明清,是中国古建筑雕刻中很重要的一种艺术形式。新昌一隅自古属于偏远乡野,却是人类最早的居住地之一。据《新昌文物志》记载,那里出土了距今2000多年的汉代画像砖等诸多文物,这表明当时已存在传统砖瓦与砖雕的生产和应用。在羽林街道拔茅碗窑山窑址和兰沿村一带,还发现了宋代民窑窑址,这表明在当时新昌已经存在相当规模的传统砖瓦与砖雕生产了。

　　以上这些有关新昌古建砖瓦和砖雕艺术的历史,都是笔者从省级非遗项目"传统砖瓦制作技艺"传承人俞秋红口中获悉的。初见俞秋红,刹那间似乎有种恍惚感,很难把这位柔柔弱弱的清丽佳人和那些气势恢宏的巨幅砖雕作品联系起来,而事实却是明摆在那里,她就是这些庞然艺术品的作者。客观点说,从跨出校门的那一天起,俞秋红就在这些秦砖汉瓦里捕捉艺术灵感,坚守古建砖瓦和砖雕艺术的千年传承之梦。

　　作为古建砖瓦和砖雕艺术的市级传承人,俞秋红是个心静的人。因为,古建砖雕作为一项传统技艺,由于技艺复杂繁重,加上现代人心浮气躁、急功近利,这个行业已经出现人才凋零、后继无人的窘境,许多从业人员缺乏传统的砖雕技术和基本的艺术素养,而且存在着严重的"断代"现象。俞秋红的父亲俞岳良从事砖雕和古砖瓦烧制至今已 35 年,熟悉全套工艺,技法娴熟,在业内享有盛誉。俞秋红是家里继承祖传技艺的唯一人选,大学毕业后就义不容辞地跟随父亲系统学习起砖雕和古砖瓦烧制技艺。由于俞秋红自幼跟随父亲学习,在父亲言传身教之下,她对古砖瓦、金砖及砖雕烧制耳濡目染。正式从业后,不管尘世多么喧嚣浮躁,俞秋红却是平心静气、倾注全力,终年在尘土扑面的古砖窑里反复实践古砖瓦选泥、看火等各项口传心授的秘诀。寒来暑往,时光荏苒,俞秋红出色地掌握了古建砖瓦和砖雕艺术的全套技艺。

变化发展是世间万物存在的自然法则,任何事物必须在发展中求传承,当然也包括非物质文化遗产——砖雕和古砖瓦烧制技艺。俞秋红是个聪慧的人,她深谙其中道理。正式从业后,俞秋红在发展中传承了传统的古窑烧法,产品工艺独具一格,创作思路独特新颖,理论清晰而务求实效,擅长运用相关产业经验达到拓展经典理论的目的,使继承与个人创新完美融合。俞秋红的雕刻作品质地细腻、注重画面构图,在广泛吸纳各类艺术精华为己所用的基础上,在创作实践中形成了自己独有的风格,雕刻中特别突出线的组合作用,构成散淡飘逸风格,力感独特雅致,既保留着特有材料所呈现的质朴和简约,又呈现出多样化的艺术特征。其古建筑砖瓦构件与砖雕系列被美誉为"会呼吸的砖",广泛应用于古典建筑和装饰领域,受到业界人士的一致好评。

天道酬勤,俞秋红是个成功的人,在砖雕和古砖瓦烧制技艺上的辛勤付出得到了丰硕的回报。她的新昌县俞氏古建砖瓦厂和新昌天功坊砖瓦有限公司出品的大型工程及文物保护单位修缮项目遍及杭州宋城、广西冯子材故居、江西三清山景区、深圳锦绣中华民族村、上海汽车城等全国各地的风景名胜区。单件作品《九龙柱》《二十四孝》《八仙过海》《三英战吕布》《渔樵耕读》《送子观音》《大型碑刻兰亭序(康熙遗迹)》《锦窗漏窗》等更是荣获各项大奖。如2012年,她参加浙江省暨宁波市第三届职工科技周,获全省百位工艺大师绝技展金奖;2013年参加绍兴市青年创业创新大赛荣获金奖;2013年11月成功申请书写青砖为发明专利;2013年12月被评为绍兴市级优秀非物质文化遗产代表性传承人;2014年4月被评为"绍兴市劳动模范"荣誉称号;2014年4月参加"浙江省工艺美术精品博览会"荣获金奖。

一项项荣誉证明,俞秋红辛勤的付出得到了丰厚的回报,在秦砖汉瓦间捕捉到的艺术灵感得到了永久的定格。

(刊登于2014年10月14日《今日新昌》)

一双巧手裁剪美好生活——记市级非遗传承人求泽慧

　　一把小小的剪刀,一张薄薄的纸片,手指间看似不经意的舞动,纸屑随着飞舞的剪刀缤纷洒落,一幅精美的图案便跃然纸上——这就是神奇的民间剪纸艺术。剪纸艺术是我国民间最为流行的乡土艺术形式之一,也是老百姓表达理想、情感的手段,或用于日常的装饰,或用于节日的庆贺。剪纸艺术更是一种象征符号,充满了丰富的意义,是中国人特有的祈福和祝福的方式,具有独特的审美价值。

　　剪纸艺术是我们中华民族一种传统的文化基因,遍布全国各地。我们新昌一隅则以梅渚剪纸最为有名,现已列入绍兴市非物质文化遗产代表性名录,其传承人求泽慧自然也就是绍兴市级剪纸传承人。"纤巧细腻、构图精炼、玲珑剔透、亮丽悦目"是求泽慧的剪纸作品的特点,其作品本身体现出来的浓郁江南剪纸艺术风格和深厚文化内涵深受大家好评。

　　求泽慧不仅仅是一位剪纸艺术的传承人,还是一位剪纸老师。1997 年,求泽慧从师范学校毕业成了梅渚镇中心小学的一名教师。从小喜欢剪纸的她一进学校,就创建了剪纸兴趣小组,并担任指导老师。2003 年,求泽慧负责创编了学校兼职校本课程教材《剪纸》(共六册),教材于 2004 年 9 月在全校投入使用。求泽慧则担任全校各年级的校本课程——剪纸课的教学工作。

每星期每个班级一堂剪纸课,求泽慧都耐心细致地按自编校本教材执教,引导不同年级学生掌握由易到难的各种剪纸专业知识和技能。譬如,对于高年级学生,求泽慧还辅导他们进行一些较为简单的,接近学生生活的剪纸创作,并慢慢教会他们如何创新这一传统艺术,并使之发扬光大。"行得春风有夏雨",通过求泽慧的不懈努力,学生中的一些佼佼者,如今都已经在梅渚剪纸业中崭露头角,一批又一批的剪纸能手在求泽慧手下诞生了。

求泽慧在亲自辅导学生参加各级各类剪纸活动和比赛中,收获也是满满的。2005年10月,她指导学生剪纸作品参加绍兴市首届民间工艺美术展,4件作品获银奖;2007年6月,指导学生剪纸作品获县首届青少年书画大赛一等奖;2007年,指导学生参加第十二届全国中小学生绘画书法作品大赛,3位学生荣获设计类一等奖,5位获二等奖,9位获三等奖;2009年5月,指导学生剪纸作品获市首届非物质文化遗产剪纸作品展一等奖;2010年11月,在绍兴市"古镇风情剪纸艺术展"中,求泽慧又一次指导众多学生创作剪纸作品参展,2人获一等奖,3人获二等奖,6人获三等奖,6人获优秀奖,学校也因此荣获了优秀组织奖。多年来,由于学校在剪纸教育方面的突出表现,2013年4月,梅渚镇中心小学被命名为绍兴市首批非物质文化遗产教学传承基地。

作为一名传承人,求泽慧始终不忘自身职责,给学生辅导剪纸之余,她走出校门,对梅渚镇范围内的各村代表进行剪纸培训。让一些普普通通的村民也能感受到传统艺术的熏陶,也使他们逐步掌握一些简单的剪纸专业知识和技能,并回村带动更多的人认识剪纸、欣赏剪纸、学习剪纸,使梅渚全镇生活在浓厚的剪纸艺术氛围之中。2003年3月,梅渚镇也因此被浙江省文化厅命名为"民间艺术（剪纸）之乡"。另外,求泽慧还经常受邀去城里的钟楼社区、凤山社区等,给社区居民们传授剪纸技艺,让剪纸这一优秀传统艺术走出梅渚,在全县范围内得到传承与普及。由于名声在外,2014 年 8 月,求泽慧被调到南瑞实验学校任教。求泽慧又在新的学校开辟阵地,传承弘扬剪纸艺术。她说,感觉肩上的担子更重了。但此举又绝对有意义,因为这意味着有更多的新昌后辈可以熏陶到我们古老的剪纸艺术了。

求泽慧不善言辞,却是个极为勤奋踏实的人。她常利用业余时间,积极探索和创新剪纸艺术。"功夫不负有心人",现在,求泽慧已经把剪纸从传统的单纯用剪刀剪纸,转变为剪刀和刻刀并用;把剪纸题材拓展到了童话故事、名著人物、家乡风光等领域,目前已完成《公鸡的脸红了》《狐假虎威》等童话故事,《红楼梦》人物（部分）、《水浒》108 将等名著人物,《宝相庄严》《梦游天姥》《江南第一大佛》等部分新昌风光的剪纸作品创作,其中的《水浒 108 将》还在国家级别的剪纸比赛中荣获一等奖。此外,求泽慧还把廉政文化引入剪纸艺术之中,梅渚镇镇政府、澄潭工商所楼道内,一幅幅剪纸作品传递出的廉政文化,都令人耳目一新。

一个人若要活得有意义,就必须找对正确的人生坐标。求泽慧幸运地找对了,从事着自己感兴趣的工作,用一双巧手裁剪美好生活,在周边的人群中亲力亲为地传承着美丽而古老的文化传统。笔者觉得,这样的人生既充实又幸福。

（刊登于 2014 年 12 月 2 日《今日新昌》）

用刻刀和树根再现精神的物化——记非遗传承人屠振权

  民间的根雕艺术萌芽于战国,延续于唐、宋、明、清,趋势渐热于民国初年的浙东沿海诸地。到 20 世纪 30 年代,根雕艺术一度形成热潮,但随即迅速衰落。直至 20 世纪 80 年代,随着人民生活水平的提高,"根艺热"再次在神州大地全面兴起。就我县而言,也不乏出类拔萃者,如被国家民政部授予"中国根艺美术大师"资格证书的中国根艺美术学会理事、浙江省根艺美术学会主席——屠振权。他的根雕作品不仅数量多,而且品质优,《钟馗怒》《灵魂的使者》《楚魂》《天籁之音》等,每件作品都是精品,获奖档次之高常令人产生高山仰止的感觉。

  屠振权专业从事木雕、根雕已有 42 年。或许天生就有艺术细胞,小时候爱看祖父制作精巧的根艺鸽子拐杖,又爱听父亲讲历史故事,而父亲又是擅长讲历史故事的人,所以屠振权的童年也算是受到最原始的艺术熏陶。

  屠振权于 1973 年拜师学木雕,后经美术函授,临画精华古建、古家具雕塑及中外雕塑画册,博采所长,自成一派。1979年,他以名列前茅的木雕成绩考入新昌大佛寺,开始专业从事雕塑设计工作,直接参与大佛寺古迹修缮中的雕刻兼监察佛像艺质、镌刻"刘勰碑"等工作,并开始带徒传承雕刻技艺。

  屠振权是全身心投入雕刻艺术的人,一路走来,精彩不断。

1986年春,他就举办了"屠振权工艺、根艺、美术展",参观者达数万人(后又多次举办个展)。1987年,屠振权的多件根雕作品参加了在浙江省博物馆举办的"浙江省首届根艺优秀作品展",展览本来是不设奖的,但特别出色的作品能获得"优秀作品"特殊奖励,屠振权的作品就有幸获此殊荣,迈出了绍兴地区的根艺人在当代根艺界的第一个脚印。为了让新昌的根雕走上正轨,1988年6月,屠振权发起成立了"新昌县根艺研究会",会长由体委主任担任,自己任副会长,曾亲自积极组织多届县级根艺大展,并经常对会员的根艺创作进行指导和辅导。他曾先后带徒10多名,如夏澎永等多名学生的根雕作品获全省金奖,真的可谓"徒孙满堂",成了根艺界德高望重的人物。如果根艺界要举办活动,屠振权振臂一呼,大家就积极响应。2008年,屠振权设立了个人根雕艺术馆。现在跟他说起根艺,他总是充满自信,他说,根艺人赶上了好时候,因为现在的中国正值文化大繁荣大发展的起步期,政府支持,民间响应,根艺的前景一片光明,传承和发展事业如虎添翼。

根雕是一门化枯木为神奇的艺术,根雕工作者凭着对自然美的独特感知,将取材于山野间不起眼的树根,一笔一笔,用刻刀雕刻出外形栩栩如生,主题生动鲜明,内涵深刻丰富的精美工艺品,令人叹为观止。根雕当下已经成为活着的文化,它不仅把时间凝固,更把人们对于生活的见解和希冀凝固于其中,屠振权就是特别擅长把个人的思想内涵融入根雕作品中的高手。故一路走来,可谓风光无限,成绩卓然。

早在1987年11月,屠振权的根雕作品参加了中国美术博物馆在北京举办的"首届中国根艺优秀作品展",《钟馗怒》就获得了获"刘开渠根艺奖"荣誉奖。这似乎就是屠振权根雕作品获奖的开始,从此之后,一发不可收拾,而且,获奖档次之高,令人瞠目结舌,叹为观止。如 1992 年的根雕作品《楚魂》获省根艺精品大展金奖;1998 年《名茶正香》获国际茶文化艺术品展金奖;2001 年《渔歌唱晚》获省根艺精品大展金奖;2003—2007 年,作品《护法天神》《风伯之忧》《灵魂的使者》《老子》连续四届荣获中国根艺石艺美术精品展"刘开渠根艺奖"金奖;2008 年《取经路上》获中国工艺美术精品展金奖;2010 年《老子授经》获第二届中国·浙江工艺美术精品博览会"天工艺苑杯"金奖;2010 年《沐浴爱河》参加中国·上海世博会获特别金奖;2010 年《天籁之音》获中国工艺美术·浙江根雕精品博览会金奖;2012 年《思维的引擎》获第三届中国·浙江工艺精品博览会金奖;2013 年《情怀》在亚太手工业精品博览会中获金奖;2014 年《笑傲江湖》获第四届中国·浙江工艺美术精品博览会金奖。

这一系列荣誉无言地诠释了屠振权在根雕领域内的"大师级"形象。

(刊登于 2014 年 11 月 11 日《今日新昌》)

以"悬壶济世"的方式为人处世——记市级非遗传承人郑黎明

　　新昌郑氏中医肝胆科源自新昌回山镇官塘村。祖父郑宝仁是先驱者,自幼随父习拳练武,擅用民间草药治疗常见病。后因祖母患肝病,一边苦研医书,一边又寻访名医,自己上山采药,终于研制出治疗肝病验方三草汤:金钱草,乌韭草,凤尾草。祖母的肝病治好了,祖父也以善治肝病出名了。祖父对来诊者施医送药,分文不取,在回山乡间有口皆碑。良好的家风是可以代代相传的,祖父一生以救人为乐,父亲亦如此。父亲郑玉麒其实是一生执教,由于迷恋祖传的医术,1995 年从教师岗位退休后,才正式成为新昌城南乡卫生院的专科医师,专治肝病,成为众多肝病患者的"救命恩人"。随着前来看病的患者越来越多,郑玉麒创立了新昌郑氏中医肝胆科,地点选在新昌耿基市场。第三代传人孙子郑黎明,自幼受祖父两代影响,自幼热爱医学,潜心钻研中医肝胆治疗,并继承郑家优良家风,继续悬壶济世,为苍生谋健康。

　　新昌郑氏中医肝胆科历经父、子、孙三代的百年传承,怀揣"医者父母心"的济世情怀,运用传统中医中药方法,经过不断提炼总结,特别是经过第三代传人郑黎明的不断探索和实践,发展和完善了中医中药治疗肝胆疾病的一些新技术和方法,治疗水平不断提高,疾病治愈率和好转率大幅提升,已得到业界的一致认可,群众中也有较好口碑。前来治病的患者以新昌、嵊州、绍兴本地为主,现已辐射到邻近周边县市,在宁波、台州、金华一带享有一定的知名度。

郑黎明,自幼受祖父两代影响,先入绍兴卫校学习西医四年。1999年入北京中医进修学院学习中医三年,并一直随父临证;2004年5月,参加关幼波肝病高级研修班;2006年5月,参加全国名老中医治疗疑难病经验高级专修班;2012年,参加国医大师周仲瑛辨治疑难病经验传承班、中西医结合防治肝癌临床诊治新进展学习班。系统的课堂学习加上家父的全力指导,使得郑黎明一直致力于中医中药抗肝纤维化、抗病毒、防耐药、抗肝癌及肝胆结石、胆囊炎、肝癌癌前病变、肝肿瘤等疾病的临床治疗研究。

在烦琐的临床工作中,郑黎明善于总结,勇于创新。他认为,平时治疗过程中的案例如果不用文字加以总结,医技哪怕再精湛,那也只是散沙一盘,难以上升到理论高度。好在郑黎明是个用心的人,他善于用文字总结经验,积极撰写学术论文,迄今为止,已在省级以上杂志发表专业论文30多篇。这么多的学术成果为他开阔医学眼界铺平了道路,这意味着他拥有了参加各类学术会议和学术团体的资格。郑黎明更是一个有心的人,他发现,由于传统中医受到西医的冲击,一些宝贵的中医药方都散落在民间,故从1999年郑黎明参加工作以来,他就开始有意识地在各地的古玩市场或者旧书店等处,寻找那些散落在民间的老药方。有一次,郑黎明就有幸在杭州的古玩市场淘到了浙江中医名家叶熙春的《医案随录》,里面详细记载了这位老中医1956年以来的接诊情况。10多年来,郑黎明已经收集到了1000多份中医药方,这些药方不少是出自中医名家之手。郑黎明对这些淘到的宝贵药方视若珍宝,并博采众长,取长补短,把其中的精华不断地充实到自己日常的治疗工作上来,丰富和发展了新昌郑氏中医肝胆科,给广大患者带来了更大的福音。如今,郑黎明和父亲主持的新昌郑氏中医肝胆科更是名声在外,不仅新昌、嵊州、绍兴本地的患者多,宁波、台州、杭州甚至远到甘肃的肝病患者都纷纷光临,有的竟然雇了专车成群结队前来。几年前,还听说有位在驻云南某部服役的空军中校军官王森,曾因便秘一年多,经名医会诊也疗效甚微,由于机缘巧合,服了新昌郑氏中医肝胆科的七贴中药后,竟然基本痊愈了。后来他又身患肝病在部队医院治疗,听说他又千里迢迢来新昌找郑医师了。

"功夫不负有心人",多年的努力给郑黎明带来了丰厚的回报。身在小山城的医者郑黎明,目前只是主持着新昌县耿基市场卫生站的日常门诊工作,但已经为中华中医药学会会员、中国抗癌学会会员、中国针灸学会会员,2008 年 10 月被评为"首届全国民间名中医",《民族医药报》推荐为"有专长的民族民间医生"。

(刊登于 2014 年 12 月 9 日《今日新昌》)

精心伺候"小京生"的好把手——记非遗传承人程鹏

新昌小京生在明清时期的贡品级花生,又名小红毛花生。"小京生"是全国稀有的炒食花生优良品种,新昌是全国唯一的"小京生"生产基地,有悠久的种植历史。特别是处于新昌高海拔地带的大市聚镇和小将镇,出产的小京生质量最好。农技人员是这样描述"新昌小京生"特征特性的,果形颗粒细长、条直、匀称,中间腰部稍细,腰脐明显,腰脐线呈倾斜 40°左右;果尖呈鸡嘴形;果壳表面麻眼浅而光滑,壳薄而松脆,呈金黄色。其果仁香而带甜,油而不腻,松脆爽口。

"常吃小京生,胜过滋补品;吃了小京生,天天不想荤。"这是流传于新昌民间的顺口溜。此顺口溜说明小京生不仅味美,而且营养价值高。据了解,小京生果仁,蛋白质含量 27%,脂肪含量 48%,营养价值比鸡蛋、牛奶还高。因此,小京生是炒食中的圣品。早在 1984 年,新昌的小京生在全国炒食味评比中就荣获第一名;1998 年被评为浙江省优质农产品金奖;1999 年,既被认定为浙江农业名牌产品,又获中国国际农业博览会名牌产品之美誉;2003 年又被评为浙江农业博览会金奖。小京生炒制技艺也于 2012 年 7 月被浙江省人民政府列入第四批浙江省非物质文化遗产名录。

小京生是我们新昌一宝,它不但为新昌百姓带来无上的口福,更为他们带来巨大的经济效益。新昌乡间有许多靠小京生致富的能人,家住大市聚的程鹏就是其中的一位。早在2001年,程鹏就开办了新昌县大市聚大鹏食品厂,从此开始从事"小京生"的炒制工作。程鹏说之所以选择办厂炒小京生,是因为他对小京生不仅有感情,更是有经验。早在1987年8月,程鹏就进了大市聚粮管所工作,主要从事粮食检验工作。20世纪90年代初,大市聚粮管所创办了"新昌县天姥小京生食品厂",它是新昌县第一家专门炒制小京生花生的食品厂。当时程鹏是粮管所的检验员,就兼职"小京生食品厂"的原料收购及质量员。

据程鹏介绍,一开始厂里炒小京生是用传统手工炒的,但没多久问题就出来了,纯手工炒,产量上不去,大家又嫌工艺太原始、落后,就改用烘箱。烘箱虽较先进但发现不太均匀,有老有嫩,后来改为现在的"炒锅机"了。用"炒锅机"炒小京生,不仅人省力,而且花生又均匀,故一直延续至今。但是,程鹏总觉得这样炒出来的小京生味道,没有原来纯手工炒制的香,那么有味。所以,在程鹏的食品厂里,无论多忙,每年都要出产一些纯手工炒制的小京生。他说,只有用传统方法纯手工技艺炒制的小京生才最香,最有味,才能体现小京生独特风味。所以,作为"小京生炒制技艺"的传承人,程鹏在新工艺的基础上也一直保持"纯手工炒制"传统元素。

谈起小京生,程鹏总是津津乐道。他告诉笔者,炒制传统意义上的正宗小京生,要注意许多细节。一是要选土壤,新昌小京生最理想的生长土壤是玄武岩台地和棕粘土壤。新昌目前主要产地仅有大市聚、小将等一两个乡镇的土壤才较为理想。二是选品种,新昌小京生是新昌农家土特产中的珍品,必须选用当年纯种花生为原料,其特征具有果型小巧玲珑、鸡嘴小腰、色泽光滑、质地细嫩、壳薄仁肥且有间隙等特点,而且在种植过程中,不能铺盖塑料薄膜。三是炒制,采用传统的手工技艺:先从水极清的溪滩里掏出粗细适当的细沙,洗净晒干备用。炒制小京生时,先把锅烧热,再放进备用的细沙均匀炒热至微烫手时,放入小京生,用铁铲把炒热的沙子铲出倒在小京生上面,要从锅的中心向两边反复翻炒,这样把沙的温度传递给小京生,尽量不让小京生碰到锅面,慢慢地用中火炒制,当小京生炒至八成熟时,香味就出来了,此时是关键,火候一定要旺,把香味逼出来,这样炒制2—3分钟,小京生的浓香味就出来了。此时剥开看花生米呈黄包包了,即可出锅,把沙子筛掉,小京生摊凉、筛选,凉毕即可食用。这样炒制的小京生色泽光滑,呈金黄色,口味纯正,香味极浓,且有着香中带甜、松脆爽口、油而不腻、后味无穷等特有的自然风味。

　　以炒制小京生为业的程鹏是幸福的,因为他从事的事业是给他人提供美味,在获得经济效益的同时又实现了自身的人生价值,真的是两全其美。

(刊登于 2014 年 11 月 25 日《今日新昌》)

第二章　工作感悟

培育企业文化基因，促进企业健康发展

在经济社会快速发展今天，越来越多的企业认识到，企业文化也是企业的核心竞争力，是企业持续发展的重要力量源泉。目前，各地区、各行业、各种不同规模的企业都在着手制订企业文化规划，企业文化建设已经出现从局部到系统，从自发到自觉，从表层向深层，从传统向现代，从技术层面向文化层面转变的可喜局面。近年来，新昌县紧紧抓住发展机遇，把握发展基调，把企业文化所包含的价值观念、企业精神、文化娱乐等精神因素和资本一样作为发展生产力的重要生产要素来抓，坚定不移地走出了一条文化强企之路。

一、高度重视，在强化经济中突出文化地位和作用

对企业文化的认识有多深，企业文化对企业发展的作用就有多大。要在企业文化建设上抓出成效，无论是政府还是企业，都在思想上高度重视，充分认识到它在企业和经济发展中的地位和作用。

1. 政府与企业形成共识，高度重视企业发展中的文化元素

自 20 世纪 80 年代企业文化这一概念引入中国以来，企业文化在相当长时间内被认为仅仅是观念精神的东西，其形态变动不定，领域难以界定，使人们对其科学性、规范性提出了种种质疑。学术界、企业界一度忽视企业文化的研究和建设。但是，

企业文化并不会因为我们不重视、不研究、不建设而消失。美国著名学者约翰·科特在《企业文化与经营业绩》这本书中,提出了一个非常有名的观点:"每时每刻我们都在与企业文化打交道。"这个理念提醒我们,对于任何一个企业而言,不存在企业文化的有无问题,只存在企业文化的好坏问题。所以,在20世纪90年代中期,随着学术界对企业文化认识的加深,迎来了中国企业文化研究和建设的热潮。值得庆幸的是,在新昌无论是政府还是企业,都较早地意识到企业文化的存在,并且达成了共识,那就是树立起建设企业文化也是促进企业生产的理念,也是提高区域竞争力的理念,也是发展生产力的理念:把企业文化作为企业发展的有机组成部分,把企业文化作为经济社会发展中重要生产要素加以经营。由于政府的高度重视、企业的积极参与和建设,新昌企业(主要是民营企业)走上了一条以文化推动企业发展的新型发展道路,并在实践中取得了一定的成绩,使企业文化成为推动新昌经济发展又一个重要引擎。

2.培育文化基因,企业文化是企业的核心竞争力所在

正像其他生命体有其自身的基因一样,企业作为一个生命体也有自身的基因,这个基因就是企业文化。它随企业的建立而生,随企业的倒闭而消亡,并作为企业核心竞争力影响决定企业的生命力和竞争力。在激烈的市场竞争中,在商品短缺的时候是产品竞争,发展到后来,竞争力上升为第二个层次,也就是机制、规模、战略、资源、关系为支撑平台的制度竞争力,但核心是以企业的理念系统、企业的价值观为基础的文化竞争,也就是大家所说的"一流企业卖文化,二流企业卖品牌,三流企业卖产品"。企业文化能在不同的发展阶段呈现出不同的特点,并用文化再造的方式,成为推动企业再次飞跃的动力。总之,企业文化

才是企业真正的核心竞争力所在,优秀的企业文化一旦在企业中形成和确立,就会对企业当下和未来的发展产生持续性影响,成为企业发展的不竭动力和源泉。

3.作为制胜之道,把文化经营作为企业长寿的良方

随着企业的不断发展,企业必然走上规模扩大、收购兼并、资产重组等资本经营和资本扩张的道路。在这一过程中,一方面企业实现由小到大、由弱到强的转变,另一方面也会遇到员工人数剧增、管理难度加大等诸多"成长中的烦恼",尤其是整合过程中的观念冲突会严重阻碍企业的健康发展。因为不同的文化环境,不同的经济、社会和政治背景的企业和人员,在以整体的形式进行组合的时候,必然会面临因文化差异造成的摩擦与碰撞。比如企业如何将被收购企业的原有文化进行有效整合和重组,又如何将这种新的企业文化贯穿到整合后的每一个员工心中,又比如外地员工如何快速融入当地人生活等。这种文化差异的客观存在,势必会在企业中造成文化之间的冲突,表现为人与人之间的冲突、人与企业的冲突、子公司与母公司的冲突及子公司与子公司之间的冲突,严重的将导致企业的"文化休克",使企业一夜之间崩溃。国内外因为企业文化冲突,导致的倒闭案举不胜举。

深入研究国内外企业成败的经验教训,发现成功企业的背后总有优秀的企业文化的支撑,而经营失败的企业虽然具体问题不一,但追究其深层次原因无一例外都是忽视了企业文化建设。由此,我们得出唯有企业文化才是企业长久发展的秘籍。基于以上认识,我们得开始把企业文化作为保持企业基业常青的有力抓手,认真加以建设。所以,在一个全球化竞争的时代,最终的竞争将是文化的竞争,最终的胜利者将是那些文化经营

最成功的企业。无论是政府还是企业大家都应该来关心、重视、支持企业文化建设。

二、着力推进,在积极倡导中突出企业主体和主责

企业文化是企业的文化,而不是政府的文化。政府在企业文化建设中应该有所为,有所不为。有所为,是指政府在做强、做大产业基础的前提下,应该做好倡导和服务工作,为企业文化提供发展的平台。有所不为,是指政府不应该越俎代庖,而应该充分发挥企业的积极性和创造性,让企业根据自己的发展历程、行业特点,培育、发展出各具特色的企业文化。回顾新昌企业文化走过的路,可概括为四方面的特点:

1. 注重把企业家的理念转化为企业的理念

在企业界流行这么一句话:"企业文化说到底是企业家的文化。"对此,我们深有体会,企业文化的起步、发展到成型,都离不开企业家。所以我们说,企业家是企业文化的第一设计者、宣传者和实践者。如果说文化是企业的灵魂,那么企业家是企业文化的灵魂。我县企业文化的许多精神理念都是企业家精神的写照。正是因为有了吴良定、陈爱莲、李春波、胡柏藩等一大批优秀企业家,才有了新昌企业文化的今天。像以敢闯敢拼、卓尔不群的"野马精神"为核心的"万丰文化",以"创新、人和、竞成"为价值观的"老师文化",都深深地打上了企业家们的烙印。但是,我们又认为企业文化不能简单地认为就是"企业家文化"或者"老板文化"。只有通过反复地研究讨论,甚至是争论,在管理层范围内逐渐达成共识,将企业家的理念转化为管理层的理念,再通过大量和长时间的培训、宣传和教育,让每一个员工认同这个理念,并将理念内化为员工的行动,在实际工作中体现出来,这

样的文化才是真正的企业文化。在这一过程中,新昌企业关键是走好"了解、感受、认同"这个认知"三步曲"。所谓了解,是新员工一进入企业就通过学内部小册子、听企业文化课、唱企业之歌等一系列活动,了解企业的历史和现状,了解企业发展的历史,牢记企业提倡什么、反对什么,融入整个企业文化之中。所谓感受,是在企业内营造浓厚的企业文化氛围,让员工在企业中真切地感受企业独特的文化氛围,在感同身受中领略企业文化的魅力。所谓认同,是经过一定时间的了解和感受后,让所有的员工在意识中形成一个"共同愿景",并不懈为之努力,在为企业和社会创造财富的过程中实现自身价值。通过这样的一系列学习和培训之后,企业家的理念就变成了企业的理念,企业家的文化就变成了企业的文化。

2.注重把浅表的企业文化发展为深层次的企业文化

企业文化建设永无止境,它随着认识的不断深化而不断向深层次推进,这是个认识问题。在 20 世纪 90 年代初,我们的企业对企业文化认识是比较抽象的、粗浅的。像利用节假日开展文体活动,丰富员工业余文化生活;慰问帮助困难员工,给以集体的关爱;通过座谈交流,做好员工的思想政治工作;等等。虽然理解很肤浅,做得也很不够,但不能不承认这就是企业文化的起步。哪怕是现在,对一些小的个体私营企业,这些仍不失为好的企业文化载体。在企业发展到一定阶段和规模后,我们就走出了这些浅层次的理解,我们把企业文化与企业管理有机结合起来,与战略、品牌、人力资源、营销、质量管理等各个管理模块实现对接,起到了通过企业文化建设提高企业管理水平的目的。到后来,开始搭建企业文化的框架,设计企业形象,提出了企业宗旨观念,开始有计划、有意识地进行将制度进行具体化、将规则进行行为化,把制度和理念变成可操作的东西、员工看得见的东西。发展到现在,企业文化已真正成为全体成员所共同接受的价值体系,渗透于企业的各项活动当中,影响和决定了企业全体成员的行为规范。可以说,新昌现在的企业文化与企业制度交织在一起,不停留在字面上,而是与企业管理融合在一起,但又高于企业管理。

3.注重制度"硬"管理与文化"软"约束的有机结合

我们说制度是显性的文化,文化是隐性的制度。制度是一个硬的东西,文化是软的东西,制度是有形的,文化是无形的,制度是有限的,而文化是无所不在。当新昌企业走过最初的发展阶段,初步完成自己的原始资本积累之后,这时企业文化建设重点是引进制度文化建设。以制度的形式明确规定该干什么、不该干什么,使企业文化固化于企业的各项规章制度中。但对企业的持续、健康、稳定发展来说,只有制度是远远不够的。制度从本质上说是不完备的,不可能面面俱到地规定企业成员的行为;制度又是刚性的,随着时间的推移,制度有可能滞后企业的发展;即使制度可以做到完备和随时调整,由于执行过程中可能遇到的各种阻力,也可能会遭到扭曲。这意味着,对企业而言,制度是必要的,但过于依赖硬性的制度不利于激发员工的积极性和创造性,对企业的发展会产生消极影响甚至破坏作用。要从根本解决这一问题,必须全面经营企业文化,通过硬质的制度与软质的文化的相互补充、相互支持、相互增强,才能实现企业发展的最佳状态,把全体员工整合、凝聚起来,使企业文化固化于制、内化于心、外化于行,达到以文"化"人的目的。于是,新昌企业文化建设在制度建设的基础上,开始从物质文化、行为文化、制度文化和精神文化四个层次综合起来认知、建设企业文化,进入更高层次的文化经营阶段。对企业成员来说,企业的各种规定不再是由别人制定来约束自己、束缚自己和压制自己的枷锁,而是实现自身利益和自身目标的企业文化的载体。

4.注重强调个体、企业、社会的和谐统一

长期以来人们认为,企业的目的是非常清晰的,那就是利润,或者说企业存在的目标就是利润最大化。由此产生了一些企业只注重企业的效益,忽视企业对社会应该承担的责任。新昌企业界则强调员工、企业、社会利益的同一性。从个体利益出发,让员工在实现自我价值的过程中不断为企业创造财富,企业的财富源于社会,企业又反哺社会,奉献于社会,从而使个人、企业、社会成为利益的统一体。新昌的企业认为个人的价值和企业的价值只有显现、透露出社会价值,个人、企业的价值只有转化为社会价值,才能得到社会和他人更多的尊重,价值才会最大化,幸福才会最大化。例如万丰企业的价值观是"为人家创造幸福的人最后自己才最幸福",在他们看来,人生为了追求物质和精神上的充实和幸福,是无可非议的,但只有为人家创造幸福的人最后自己才最幸福。

我们在企业文化上花了很大的精力,也收到了丰厚的回报。这些年来,新昌经济社会的发展取得的成绩,有我们企业的重要贡献,我们企业的健康发展又得益于企业文化的支撑。所以,新昌经济社会的快速发展也有企业文化的作用在里面,这种作用可分三个层次来讲。对企业来讲,企业文化提高和强化企业内的执行能力,有效地推动战略扩张和转型,从而实现企业的可持续发展。对政府来讲,企业文化建设开辟了一条支持企业发展的新渠道,提供了一种服务企业的新模式,也增强了区域经济的竞争力。对社会来讲,一方面企业作为社会的重要组成部分吸纳了大量的劳动力,并能通过开展企业文化这种形式,有效缓解和化解企业内部成员内部之间的矛盾,另一方面通过企业回报社会等方式,企业更多地承担了社会责任,从而达到人与企业、与社会、与自然的和谐相处。像万丰奥特控股集团、新昌制药厂、浙江新和成股份有限公司、三花控股集团有限公司等企业,长期以来十分热心社会公益事业和慈善事业,有力地支持了地方经济社会发展。新昌也涌现出了吴良定、赵治辉等一大批慈善企业家,很好地践行了企业的宗旨。

三、综合提升,在努力实践中突出探索和创新

这些年的企业文化建设,我们有许多成功的地方,也存在诸多不足。总结经验和不足,我们有三点体会:

一是始终坚持人本管理思想。人是生产力中最基本、最活跃的要素,如何发挥人的潜能始终是企业文化建设的重要内容。过去,许多企业经常用金钱来刺激人、吸引人、激发人。可能会很效,但终不是长久之计。借用经济学里"边际效用递减"的原理,靠有形的东西刺激人是低能的。所以,应改变过去"只见物不见人"和把人作为工具、手段的管理理念,在充分认识人在社会经济活动中作用的基础上,坚持文化育人,以尊重人、关心人、理解人、爱护人为企业文化的核心,真正树立以人为本的管理思想,实现个人与工作的真正融合,让人在工作中体会生命的意义。

二是不断创新发展富有个性的企业文化。企业文化建设是一个不断创新的动态过程,企业文化建设的关键是变革与创新。不同企业,由于其背景、历程、人员和环境不同,必然带有个性特征。这就要坚持以我为主、博采众长、融会贯通和自成一家的方

针,既要学习别人的长处,又要保持自身的特色;既要适应经济发展的趋势,遵循文化发展的共同规律,又要建设符合企业发展的个别规律,形成差异化的企业文化,或者富有个性的企业文化。如何不断用创新精神来强化、优化企业的个性,使文化优势能够有效地转化为企业的管理优势、素质优势和竞争优势,是今后企业文化建设的重要课题。

三要把企业文化融合到企业管理的全过程。企业不能为文化而文化,尤其是要发挥好企业文化在企业管理中突出作用,避免文化与企业管理、经营实践"两层皮"现象。这需更好地用新的企业文化理论、方法来指导实践,解决各种难题,使企业管理和经营实践真正成为企业文化建设的"主战场"。要改变企业原有的生产、经营方式,将企业价值观、精神理念植入既有管理模式、管理流程,将企业文化融入企业管理的全过程,从而迈向企业文化管理新境界。

新昌的企业文化建设虽然取得了一些成绩,但仍处于起步发展壮大阶段,我们必须提高重视程度,拓展建设广度,加大建设力度,不断巩固成果,创新发展理念,推动企业文化建设再上一个新台阶。

(刊登于《绍兴文化》2009 总第 5 期)

浅析新昌调腔传承发展之途径

传统戏剧是中华文化的瑰宝。中华民族虽然拥有五千年悠久的文明史,但由于古代识字的人很少,传统文化多是通过口耳相传之方式进行传播流传的,因此,戏剧就是最好的文化流传方式。在经济社会飞速发展的今天,如要回忆最初的精神家园,寻找真正传统的东西,传承好发展好全国各地的传统戏剧,无疑就是最有效的途径,因为传统戏剧就是最原始的文化源泉之一。

拥有近 600 年历史的"新昌调腔"就是传统戏剧大家庭中的一朵奇葩,被戏曲界人士喻为"中国戏曲活化石",是元末明初北曲南下和南曲北上而形成的声腔。明中叶曾盛极一时,流行于杭、嘉、湖、宁、绍、台广大地区。抗日战争后,仅在新昌一地得到保存,成为"天下第一团"。2006 年,被国务院列入第一批国家级非物质文化遗产名录。但在经济社会快速发展、社会节奏日益加快的今天,传统戏剧的传承和发展都受到了前所未有的挑战,生存越来越困难,新昌调腔亦是如此。

从 2006 年以来,新昌调腔在县委、县政府的领导下,社会各界支持下,采用了一系列的措施,取得了不小的成果,使新昌调腔的传承发展突破了瓶颈,圆了古老艺术的复兴之梦。

笔者作为一名基层非遗保护工作者,想就新昌调腔如何更好地传承发展谈几点浅显的建议,思考几条行之有效的途径。

一、以文化体制改革留演员

要让调腔艺术发扬光大,演员就要有热爱调腔、献身调腔的敬业精神,所以稳定全团演职人员的思想情绪,解决演员们生活上的后顾之忧变得至关重要。新昌县委、县政府因势利导,成立了文化体制改革领导小组,按照省、市精神,建立新昌县调腔非遗传承发展保护中心,经费全额拨款,撤销新昌县调腔剧团,将剧团现有在编工作人员经县文化主管部门审核后划转调腔非遗传承发展保护中心,编外人员按工作岗位需要择优录取。此举的成功实施,使所有的调腔演员们信心大增,干劲十足,纷纷表示要为新昌调腔更好的传承发展贡献自己的绵薄之力。表现在实际工作中,就是全团人员齐心协力,努力排新戏,尽心演好戏。

二、以成立艺研室保剧目

每个剧种的剧本资料是戏剧的根本,要保护戏剧,得先整理保存好该剧的剧本及所有有关于该剧的资料。新昌调腔被誉为"戏曲界的活化石",原始剧本资源尤为丰富,以剧目论,有北宋杂剧"目连救母"戏文,现拥两种版本,一种为"168 出"版,一种为"107 出"版,另收集得散篇 7 出;有北(元)曲剧目《北西相》《汉宫秋》等 10 余种,宋元南戏"荆、刘、拜、琵、金、牧⋯⋯"等 10 余种,金院本 1—2 种;另有明、清传奇近 200 种;其他剧目近 100 余种。可惜残本较多,今后收集、整理、保护的任务还十分繁重,现正筹划从 101 种剧目入手。以调腔声腔论,主要有三大系统,一为调腔系,二为昆腔系,三为四平系。以其来源论,有五大来源,一为唐宋大曲,如"八声甘州""新水令""催柏"等;二为宋代词调,如"沁园春""浣溪沙""念奴娇"等;三为民间古调,如"胜葫芦""金钱花""倒拖舱"等;四为诸宫调,如"美中美""出队子""刮地风""石榴花"等;五为诸杂剧,如"套曲"。总计有约 360 曲,32 套。这样丰富的文化遗产,同样也带来工作上的艰巨性。

剧团成立艺术研究室后,组织力量在新昌、嵊州、宁海、奉化、绍兴等县市民间,重点在调腔老艺人家中收集有关资料,力图恢复已消失的剧目、曲牌、演艺等。通过几年的不懈努力,现已整理成 435 册(出)。此举有效地保护了宝贵的调腔资源。

三、以举办调腔中专班促传承

如要保证调腔艺术生生不息,首先得后继有人。新昌调腔自 20 世纪 80 年代末期举办过调腔训练班至今已过去 20 年,最年轻的演员也已年近四十,而戏剧的长盛不衰是要靠新鲜血液来持续不断地浇灌的,所以举办新一届的调腔培训班已迫在眉睫。自 2006 年新昌调腔申报第一批国家级非物质文化遗产名录成功以后,新昌县委、县政府对此高度重视。2007 年年初,由新昌县文广局牵头,协同新昌调腔剧团领导及团内的各级传承人,在新昌县范围内精心挑选调腔苗子,通过层层选拔,挑出 13—15 岁的小学员 35 名,组成了五年制的调腔中专班,由国家级非物质文化遗产传承人章华琴老师和省级非物质文化遗产传承人吕月明老师等担任教员,手把手耐心地向小学员们倾囊传授调腔技艺,通过五年的学习,小学员们已较熟练地掌握了各种调腔,参加省市各级各类的比赛或演出,均成绩出色。现在,小演员们已经开始在调腔舞台上崭露头角,由新生代主演的《白蛇传奇》受到观众的大力认可。新鲜血液的及时渗透,使调腔古树发新芽,萌发勃勃生机。

四、巧排新戏促弘扬

为保护发展我们新昌唯一的国家级非文化物质文化遗产代表作,应该在如何排新戏上动脑筋,想办法,积极探索以新戏拯救和弘扬传统艺术的最佳途径,以达到最好效果的保护和传承。2011年,调腔剧团配合县政府加强党风廉政建设这项中心工作,花大力气创排了大型调腔廉政戏《甄清官》,该剧围绕"为官清廉、亲民爱民"主题,将明代新昌本土清官甄完一心为民、一片丹心,一尘不染、一身正气的为官之道演绎得淋漓尽致,感人肺腑。剧目以富有地方特色和乡土气息、群众喜闻乐见的调腔艺术形式来弘扬廉政文化,把新昌特有的传统文化与廉政文化有机结合,不但是倡导廉政理念的新方式,而且是宣传弘扬新昌调腔的重要途径。

《甄清官》创排成功以后,就开始巡演。先去绍兴,再赴杭州,2011年年底还进京演出,反响热烈,好评如潮。每年文化遗产日期间,又在全县及周边县市巡演。今年的五一小长假,去余姚市龙山剧院演出,又获当地戏迷的热捧。听说演出当晚,剧场爆满,生动紧凑的剧情、演员们精彩到位的功夫,引得场内掌声雷动、叫好连连。

《甄清官》巡演至今,叫好声不绝于耳。各界观众纷纷称赞这是一部融思想性、艺术性、观赏性于一体,是具有教育意义的清官戏,是具有地方特色的大众戏,是具有鲜明时代特征的精品戏。通过各地巡演,调腔得到了主流媒体的大力宣传。通过巡演《甄清官》这部戏,调腔的知名度提高了,影响力增加了。当年在北京的演出曾引起了中央、省市等主流媒体的关注。《新闻联播》《浙江新闻联播》《绍兴新闻联播》《人民日报》《光明日报》《中国文化报》《浙江日报》《绍兴日报》和人民网、中国文化网、浙江在线、绍兴网等主流媒体做了报道,其他报刊、门户网站也纷纷转载。以最大的范围、最大的限度、最好的效果宣传了国遗新昌调腔。

五、政府的重视拯救了新昌调腔

政府重视是保护和发展文化遗产最根本的基础,尤其是物质基础。新昌调腔的保护、传承和发展离不开各级政府的关心和支持,譬如浙江省文化厅对新昌调腔的关注使调腔在濒临灭绝的死亡线上得到成功复活。近几年来,新昌县委、县政府也十分重视新昌调腔的保护和传承,在县财政很困难的前提下,依然逐年提高对调腔剧团的财政补助资金,还全力资助剧团举办了调腔中专班,并在 2012 年的文化体制改革中,建立新昌调腔保护传承发展中心,改差额拨款单位为全额拨款单位,从源头上解决了演员的后顾之忧。2015 年,从中央到地方重视传统戏剧,传统戏剧复兴的春天已然来临,国务院颁布了《关于支持戏曲传承发展的若干政策》,浙江省下发了《浙江省传统戏剧振兴保护计划》,新昌县出台了《新昌调腔保护振兴计划》。新昌调腔新一轮的振兴发展已吹响号角。

六、企业的资助为调腔的保护和传承助力

新昌本土的企业家对家乡的传统文化也情有独钟,十分关注家乡戏——新昌的传承发展调。2008 年年初,由新昌籍企业家掌门的天桥基金、浙江通策控股集团有限公司、三花控股集团有限公司、万丰奥特控股集团 4 家企业分别出资 100 万元,成立了新昌调腔保护与发展基金。

2011 年 8 月,为了资助《甄清官》巡演成功,举行了调腔保护与发展基金捐赠仪式,新和成、新昌制药、三花、万丰奥特、京新药业、日发控股等 6 家上市企业各出资 35 万元,支持该剧进京演出,极为有力地帮助了调腔一把。

　　在经济社会快速发展、社会节奏日渐增快的今天,传统戏剧的命运确实令人担忧,但只要我们所有从事文化工作的人员、所有拥有一定社会责任感的人肩负起我们应有的文化担当,遵循规律行事,相信像我们新昌调腔这种传统戏剧就能走出瓶颈,走向另一个艺术春天。

　　(本论文在 2012 年 12 月获浙江省非物质文化遗产保护传统小戏剧类理论征文三等奖。并刊登于《文化月刊》2020 年 4 月刊)

浅谈新昌县创建和谐乡村文化的几点做法

随着经济社会的快速发展,人们的生活方式发生了较大变化,传统意义上的乡村文化逐步淡出人们的视野,一些传统美德、淳朴民俗正在从身边消失,而现代文明的生活观念又没有及时在群众中得到普及,因而部分农村出现了"不敬养老人、婚丧陋习、封建迷信、聚众赌博"等不良风气和"垃圾乱倒、污水乱排、废物乱丢"等不和谐现象,故创建和谐乡村文化已迫在眉睫。

和谐乡村文化的实质是倡导乡间不同事物之间的和谐,营造融洽的乡村人际关系,而创建和谐乡村文化的载体是活动的开展,重点是村民素质的提升,灵魂是优秀乡风民俗的传承与创新。近年来新昌县在创建和谐乡村文化方面做了一些有益的探索和实践,并取得了较为显著的成效。

一、创造乡风文明

乡风是农村群众性精神文明创建水平和农民精神风貌的直接体现。乡风文明建设是建设社会主义新农村、构建和谐社会中的一项极为重要的战略任务,为了建设文明乡风,近年来新昌县推出了一些较为实在的举措,如加大对民间社团的扶持。鼓励文学、书画、音乐、戏曲等乡土人才的创作,有效保护和合理开发民间文化。在全县范围内广泛开展了非物质文化遗产普查,共普查出 2118 个非遗项目、675 个重点项目,将其中 63 个项目作为新昌县第二批非物质文化遗产名录发文公布,会同首批公布的35个,一起编纂成书。同时利用民间的铜管乐队、民乐队、秧歌队、腰鼓队、舞狮队等组织,满足基层群众的文化生活。组织开展一年一度的"农民文化节"和"社区文化节",广泛推出"元宵节猜灯谜""狮龙共舞会"等节庆活动,丰富全县农民群众的文化生活,促进了和谐乡村文化建设。

目前的农村,农民的空闲时间较多,部分村民沉醉于"搓麻将""小搞搞"之中,一些村民则搞些封建迷信活动以填补精神上的空虚,自从参加健康有益的文体活动后,乡风变得非常纯净。

二、塑造乡贤精神

新昌县挖掘和整理乡土历史文化,大力弘扬地域人文精神,使先贤文化得到了有效的传承。小将镇方泉村、羽林街道丁家园村、沙溪镇唐家坪村都对本村的历史和有影响的人物进行了挖掘,通过编村史、整事迹、修乡贤祠、建爱国主义教育基地,组织开展各类学习活动,教育本村村民。像方泉村,先是指定专人整理出壁公、璞公、吴锡军、吴帮辉等4位先贤生前的事迹,并将事迹材料上墙悬挂于乡贤吴公祠内,以激励后人。同时,进行广泛宣传,组织方泉小学生学习这4位先贤的生前事迹,让他们从小学会如何做人、做事。在村务公开栏及桥头边的黑板报张贴这4位先贤的生前事迹,使全村村民都知道自己的祖先如何做人的道德准则,从中学会如何处事、处世。

由于传统势力的影响,红白喜事、迎来送往等人情活动成为村民的沉重负担,许多村民讨厌这种花费巨大的所谓礼尚往来,但却无法拒绝。如何结合农村实际,做到文明办丧? 1999年,新昌县羽林街道丁家园村借殡葬改革的时机,成立了丧葬理事会,选择了 5 位德高望重、办事公道正派、热心为村民服务的老人担任理事会成员,同时村里还将古祠堂改造成办丧事场地。丧葬理事会成立后,制定了一系列制度和治丧标准:不论贫富,每桌伙食不得超过 200 元,烟不得超过 10 元,不得做道场,不得抬花轿。自理事会成立后,丁家园村办理丧事的规矩从来没有被打破,7 年间村里 30 多人去世,没有一家做过道场,或超出标准大操大办的,为此该村共节约了 90 多万元钱。如今这一做法正在全县范围内推广,各村成立村"红白理事会",根据喜事丧事办理的实际需要,由村集体出资统一购置桌、凳、餐具等,并腾出场地承办喜事丧事,成立"红白理事会"既减轻了群众的负担,又促进了农村文明风尚的形成。农村中出现了许多老人省下自己做寿的钱为村里"修长寿路"等办实事的现象,乡村里的和谐音符就这样渐渐增多了。

三、营造乡邻和睦

首先大力开展社会公德、家庭美德教育。针对农村中老年人文化水平不高,无法自己读书看报的现状,由村里选择安排一位有一定文化基础的人负责老年活动室报刊的管理,在活动室开始活动前的 30 分钟,由他选取素材组织村民读书读报,向村民宣讲国家政策、社会公德和家庭美德等。通过长期的教化,使村民崇尚尊老爱幼,学会孝敬感恩;待人热情厚道,乐于扶贫帮困;注重个人修养,处事与人为善;明辨是非黑白,讲究礼义廉耻;建设和睦相处的人际关系。

其次设计创新活动载体,不断提升村民素质。在村民集散处设立"村风评议榜",从亲情美德、村约公德、好人好事等不同方面,对村中出现和社会上发生的各类现象予以评议。发挥好老年协会的作用,成立"爱心互助会",及时主动帮助需要帮助的人。开展"十佳风尚奖""十佳好媳妇""十佳创业带头人"等评比,用身边的先进典型引导人、教育人、感化人。在农村中小学生中开展"知耻·感恩"教育,建设和谐人际关系。开展"八星级文明家庭"评比活动,倡导健康文明的生活习惯,积极开展无赌博、无超生、无无理上访、无封建迷信、无重大刑事案件"五无村"建设。

如镜岭镇西山头村,有个"婆媳谈心日",即规定每月的 20 日为该村的婆媳谈心日。这天,全村的婆婆和媳妇齐聚村里指定地点,畅所欲言,互诉彼此间内心话。该村还定期开展"十佳好婆婆""十佳好媳妇"评比,并在"村风评议榜"上予以公布表彰。

四、打造文化名品

新昌县开展各种面向农村、面向农民的文化活动,不断提高农民群众在文化活动中的参与率,并逐渐形成富有特色的乡村文化,使其成为拿得出手的精品名品。"星期三下乡"制度是新昌特创的一项活动,不仅在包括《人民日报》等众多新闻媒体上进行了宣传报道,还在全省范围内进行了推广。

从 2001 年开始,新昌县成立"星期三下乡"服务领导小组和"星期三下乡"服务团,将经验丰富、责任心强的文艺骨干、农技专家、医疗专家、知名律师等列入各专业团,定期向农村提供文化、农技、卫生、法律、计生等系列服务,县财政和有关部门每年拨出一定经费,各职能部门也确定专款,专门用于下乡服务。每逢星期三,新昌县"星期三下乡"服务团就出发了,带着文艺演出团、农技资料、健康资料、医疗设备等进镇入村,或搭台为农民朋友表演节目,或摆摊设点提供咨询,或开设农技培训课堂,或到田头现场指导,为农民朋友提供一系列实实在在的帮助。

必须提及的是,经过这几年来的实践,我们发现,创建和谐乡村文化不是靠几天或几年就可以完成的,因为和谐不是一种停滞的、凝固的静态,而是一种积极的、前进的动态。在乡村里,今天和谐了,明天又会被新出现的矛盾所打破,我们又要去做新的努力以争取达到新的、更高的和谐。因此,和谐乡村文化的创建不可能一蹴而就,而是一个系统工程,靠点滴积累,唯有持之以恒,不断进取,方能取得成效。

（刊登于《文化月刊》2020 年 5 月）

新昌农民文化节产生了良性效应

新昌的"星期三"下乡活动坚持了8个年头不间断,是新昌最早,也是在绍兴市有名的文化品牌。其间又深入实施了"阳光文化山里行",发动广大农民"种文化",以星星之火燎原之势让广大农民群众从文化的观众变成了文化的主角。2007年元宵节,新昌有幸成为全省农民"种文化"百村赛活动的4个启动县(市)之一,以"农民参与、农民享受、农民快乐"为主题的、一年一度的农民文化节又接踵而至。

16个乡镇16台大戏,近千名农民群众登台献艺,近300个节目轮番亮相。农民"艺术家"们,把带有浓郁乡土气息的"草根"文化,奉献给广大农民群众。节目汇集了农村文艺精品,从一个侧面反映了改革开放以来我县农村、农民发生的深刻变化。如早年有"光棍村"之名的外婆坑村,娶来了32位外来媳妇,她们分别来自云南的苗、白、黎、傣、彝等五个民族,也登台献艺。农民文化节以农村为舞台,演绎出一场场隆重、热烈、精彩、圆满的盛会。它带给人们的不仅仅是视觉上的享受,还折射出农民对美好生活的追求,且带来了一系列良性效应。

一、农民文化活动阵地有效拓展

自2007年至今,新昌的农民文化节已连办三年,以后还将作为一种常规项目继续举办下去。农民文化节的正常举办给农民文化活动阵地的拓展提出了相应的要求。在新昌县委、县政府的重视和支持下,农村文化设施建设呈现出良好的发展势头。全县 16 个乡镇文化站,原来只有 3 个乡镇综合文化活动中心。2008 年新(改)建了儒岙、东茗、回山、沙溪 4 个乡镇综合文化活动中心,2009 年又增加了梅渚、双彩、大市聚、南明街道、镜岭、巧英 6 个。在原来只有 176 个村级文化活动室的基础上,如今已建成 327 个农村文化活动室、188 个农家书屋。这些农民文化基础设施建设为开展农村文化活动,丰富农民文化生活提供了平台,为繁荣农村文化夯实了基础,为推动农村公共文化服务体系建设发挥了重要作用。

二、农民文化活动样式日趋丰富

通过举办一年一度的农民文化节,我们挖掘了许多农民喜闻乐见的文化种子,使农民文化活动日益多样化。"书画村"里小将村扩展了说唱、腰鼓、乒乓等 7 个文体样式,胡卜村和上道地村也分别扩展了青年篮球、目连戏、象棋等文化样式,淤坑村还举办了涵盖毛笔书法、钢笔书法、油画、国画等 20 余幅村民书画作品的书画展……总之,全县农村形成了丰富多彩的家门口文化活动,满足了更多农民的文化需求。

三、农民业余文艺团队开始崛起

农民文化节像导火线,促使富裕起来的农民,对精神和文化生活的渴求也越来越强烈,农民自发拿出钱来办文化事业已成为必然趋势。几年来,农民自己组办的业余京剧社、越剧社、书画社团等纷纷成立,并有大批的农民艺术人才脱颖而出。由原来国家单一办文化向国家、集体、个人一起办文化的路子迈进,形成了群众文化群众办的格局。

四、农村文化内涵不断丰富

通过举办农民文化节,文化内涵越来越丰富,容量越来越大。农村文化已由单调的原始粗放型的文化活动向现代的、多元的、高档次的文化活动形式发展。文化消费也由低向高、由城市向农村转化、转移。城市流行的健身操及电声乐卡拉 OK、舞会等流向农村,提高了农民的欣赏和消费水平。丰富多彩的文化活动充分发挥其传播新知识、新观念、新信息的作用,推动了农村的科学普及和科技进步,从而促进了农村经济的发展和农民物质、精神生活的提高。

五、农民文化活动功能得到拓展

农民文化节就是引导农民“种文化”活动的有效载体,广大农民朋友在准备文化节节目的过程中,种下快乐,收获文明与和谐。举办农民文化节,是感染人、教化人、凝聚人的文化魅力在我县农村得到很好的体现,越来越多的和谐因子促使我县出现了“三多”“三少”的可喜变化。一是先进文化多了,愚昧落后的文化少了。丁家园村在打篮球、打腰鼓等文体活动中,形成了积极向上的精神面貌,婚丧事简办已是全村的风尚。二是健康有益的活动多了,打架斗殴的现象少了。上道地村学武先学德,不仅强身健体,而且村民更加遵守村规民约,没有了打架斗殴的现象。三是人与人之间的交流多了,村民之间的纠纷少了。胡卜村 200 多老年人有 150 多人参与问题活动,平时在生活中沟通多了,他(她)们之间很少有邻里纠纷,树立起了互敬互爱的良好村风。

农民文化节的开展繁荣了农村文化,较好地满足了农民的文化精神需求,为我县建设和谐新农村提供了强有力的支持,我们将不断地探索和创新工作方法,使我县的农村文化工作再上新台阶。

　　　　　　　　　　　　(刊登于《绍兴文化》2009 总第 7 期)

形成一个产业，服务一方百姓——新昌沃洲明珠艺术团走红新昌城乡

新昌的老百姓盼望星期三,因为新昌有个家喻户晓的文化品牌"星期三文化下乡"。每逢演出,四乡八村的群众就早早吃了晚饭,搬来凳子,抢占有利地形。有时巧遇雨丝纷飞,群众撑着伞站在台前天井中看演出,全神贯注、喜笑颜开,沉浸在欢乐、祥和的氛围中。全场时而悄然无声,甚是安静,时而欢声雷动,掌声如潮,现代农民对文艺生活的喜爱之情溢于言表。

参加演出的新昌县沃洲明珠艺术团一直深入贯彻落实科学发展观,以不断繁荣群众文化为己任,将新昌的群众文化工作搞得红红火火。该艺术团拥有各艺术门类的文艺骨干成员200多人,自成立起就形成了组织松散型、服务多功能、人员不设编、场所不固定的组织结构,还拥有服务场地可大可小、组台演员可多可少、节目可繁可简、内容丰富多彩等特色,受到人民群众普遍欢迎,被《人民日报》《光明日报》等多种传媒广为宣传与报道。它以低成本扩张、各方参与率高、社会效益显著等优势显示了自身的价值和地位。由此被广大群众亲昵地称之为天姥山下的"乌兰牧骑",新昌农村的"心连心艺术团"。

沃洲明珠走红城乡

艺术团一经成立,就组织创作人员、文艺骨干到农村、工地

深入生活,据此创作与排练文艺节目。如几年前,艺术团选择到省重点工程上三线新昌段建设工地作首场慰问演出,当天70多名演职员浩浩荡荡奔赴施工现场,"幕布挂起来,工地变舞台"(绍报报道),"深山来了演出队"(浙报报道),演出十分成功,被铁十二局领导评价为"演出盛况不亚于京九线的文化列车"。在主动承担一定的公益性文化责任外,艺术团还不断地开辟演出市场,积极"找米下锅",为上三线十六标段筑路工人、大明市革命老区群众、驻新军警代表、全县优秀教师、中宝园区工人、知新中学百年华诞的校友师生进行表演。在为他们提供精神食粮的同时,逐步摸索探求出一条适合于自身发展的产业化运作之路。

当然,市场化原则并不是一切向钱看齐,艺术团始终把公益性放在各项工作的首位,认真履行工作职责和任务,有了报酬不勉强,没有报酬照样干得欢。如艺术团送戏到蛰居于深山冷岙的上居坑村,当时该村不通公路,村民用了8头骡子驮着道具进村,没有戏台,只在村20多米高的古树下,用三张晒谷的竹簟拼搭成"戏台"安置在刚收割完稻子的田块上。该村20多年没有看戏了,村民们鞭炮相迎,男女老少相聚在演出现场,笑声、掌声响彻山谷,演出结束,噙泪话别,这一天成了该村有史以来最为盛大的文化盛会,更让村民感动的是,艺术团在送去文艺节目的同时,还给上居坑村送去了5000元钱,资助村民修建致富路。

此外,频繁的演出活动,不仅为演出市场极为有限的新昌调腔走出困境,也使这一全国稀有剧种得到了有效保护和利用。而且演出凝聚了演艺人员的合力,让越来越多的人进一步熟悉和了解了新昌调腔,对调腔情有独钟,产生浓厚兴趣,对《三岔口》等功夫戏百看不厌。《北西厢·请生》《白兔记·出猎》还进京汇报演出,受到演艺界权威人士的一致好评,从而使古老调腔焕发了新的生机和活力。

广大群众得实惠

艺术团以"老百姓喜欢看"为理念,以"把最优秀的艺术送给最基层的老百姓"为原则,以服务农村农民为主体,融入农户农家为己任,真心实意为农民办实事、办好事、使文化服务走近广大农民群众。和以往不同的是,过去的大型演出有 1200 多演职员参加,也有 300 多人的,一般的慰问演出和庆典活动也逾百人参演,而如今我们只选择了 30—50 名精兵强将参加演出,节目精彩,成为"星期三文化下乡"的特色和亮点。

农村文化设施得改善

近年来,我县对遗存的 200 多座旧祠堂实施改造,使之成为农村文化娱乐的活动场所,一些祠堂虽设有阅览室、电视室、棋牌室,但仍然显得非常单调。自艺术团带来舞台艺术后,老少喜欢、妇孺皆宜,给不同嗜好的群众带来文化大餐,真正享受到舞台艺术的无穷魅力和乐趣,村民们形象地喻之为"幕布挂起来,祠堂变舞台"。演出还影响到周边一些尚未修缮旧祠堂、大会堂的行政村,他们也把建置舞台提到村委工作的议事日程,以便迎接演出团体,丰富村民的日常文化生活。更值一提的是,自 2007 年以来,省文化厅、县政府也开始高度重视农村文化设施建设,以全县每年建 50—70 家村级文化活动室的速度投入建设,加上原先建的,如今,全县已有 310 个村级文化活动室,使广大新昌农民群众的文化活动有了去处。

农村特色文化活动得生机

随着经济社会的快速发展,广大农民群众迫切要求丰富精神文化生活。特色文化是先进文化的集中体现,在这方面,新昌的梅渚、拔茅、西王、后溪、下王、后梁、洪塘、南裕、丁家园、雅庄、后岸、上道地等村都做出了努力,农村特色文化活动生机勃勃;儒岙镇的后将、王渡里、儒一、南山、洪塘、石磁等村两委又顺应民心,主动出击,由党委、政府分管领导带队赴邻县嵊州、东阳等地的文化特色村考察取经,并结合自身情况,因地制宜,分头提出实施计划方案,且初步取得成效。

毋庸讳言,一方水土养活一方人,一方文化孕育了一方情。沃洲明珠艺术团几年来的实践,既走出了一条特色文化之路,也给文化产业造就了生机与活力,于是走红了新昌大地。

(刊登于《绍兴文化》2009 年第 2 期)

第四章　心海泛漪

蝶恋山乡

时间过得真快,小蝶从千里之遥的大城市离职回到家乡屏山村创业,已经整整两年了。

当小蝶把全天所有的活儿忙完,已是晚上 10 点了,虽然很累,但内心却是满满的充实。她快速冲了个热水澡,推开房门,踱到连着自己卧室的小阳台上,享受每天的最美时光。

又是一个美丽的村晚,银盘似的月亮悬空挂着,稀稀疏疏的几颗星星点缀着夜空,不远处连绵的青山、屋前淙淙流淌的小溪、错落有致的村舍都沉浸在如水一般的月色里,眼前的一切都如清洗了一般,纯净得纤尘不染。一阵清风迎面拂来,夹带着一股浓郁香甜的桂花香味,小蝶的思绪也随风飘远了……

一

四年前,职高毕业的小蝶曾和小姐妹们一起去闯荡过世界。小蝶长得眉清目秀,颇有几分影视剧里邻家女孩的俏模样。即使在繁华的大城市找工作,小蝶也没碰过壁,先后在餐馆里当过服务员,在超市里当过收银员,还在服装店担任过导购员。但大城市生活成本高,每个月所赚的薪水只够付房租和养活自己。小姑娘爱美,逛街时偶尔看中某件漂亮衣服,但看到上千元的标价后,也只能望而却步。只有等到换季,或者节庆等商场搞促销活动时,凭着优惠的折扣买几件心仪的衣物。虽然生活在车水

263

马龙的大城市,但小蝶的内心始终感觉不到一丁点归属感。一走到充斥汽车尾气的大街,小蝶就惦念起家乡那带着各种花香的清新空气,即使在睡梦里,也都是家乡那青翠欲滴的群山、清澈灵动的溪水、淳朴热情的乡亲,甚至那鸡啼犬吠的岁月静好……这样,在城里工作了两年后,小蝶就整理行囊,毅然回乡了。

二

一走进心心念念的屏山村,小蝶竟然发现家乡已发生了华丽蜕变:村中小道两边的各色月季花开得正猛,村里的池塘明镜似的倒映着蓝天白云,竹园、菜地四周扎着整齐的竹篱笆,村里几处本来堆杂物的公共区域也都被清理干净,并且种上了花花草草,连烧饭用的木柴也被码得格外整齐,齐刷刷地堆在房前屋后,成了一道独特风景。一些快要倒塌的老屋也被修葺过了,乡亲们的房屋外墙也被装修一新,窗户被装修成复古的木头格子窗,有的门前还竟然挂着如"天然居""听溪居""翠绿山居"等好听的名字。还没走到家,小蝶就碰到了许多陌生的面孔。"这还是我们的屏山村吗?"小蝶心里这样嘀咕着,不觉已走到了自家门前。

从爸妈那儿得知,原来在她出门打工的这两年,县里响应党中央的号召,践行乡村振兴战略,按照产业兴旺、生态宜居、乡风文明、治理有效、生活富裕的总要求,加快推进农业农村现代化。小蝶家所在的屏山村也在村支部的带领下,完成了由内而外的全面提升和改变,尝试乡村旅游,成了远近闻名"明星村""民宿村"。"原来是这样啊!"小蝶立刻茅塞顿开了,怪不得刚才在村里碰到许多陌生人,原来屏山村已经变成县里的乡村旅游胜地之一了。听爸妈介绍,现在来村里旅游住宿的外地人越来越多了,特别是双休日或节庆期,游客更是人满为患,据说还是上海客人占大多数。爸爸还说,就是自家房子不够大,要不,也想办民宿呢!

三

爸爸的一席话启发了小蝶,小蝶想:"既然我们村人气这么旺,而且来的大都是城里人,即使不开民宿,也可以开个乡村特色小吃铺吧,食材都采用自家种的绿色环保农作物,烹饪技艺采用传统方法。"小蝶把想法一跟爸妈说明,爸妈竟然立刻就同意了,因为看到其他农户都能不出家门就赚到了乡村旅游的钱,他们正愁找不到致富门路呢,女儿一回来,就解决了他们的燃眉之急。

父女同心,其利断金。仅仅用了半个月时间,小蝶家就把自家靠路边的两个房间装修成一个颇具农家风味的小吃铺,取名为"乡村味道",主营屏山村一带传统农家小吃。

走进小蝶的"乡村味道",原生态的长条桌子和椅子,窗明几净,临窗就能看到远处翠绿的山,一条自西向东的小溪从门前潺潺流过,院子里的各色鲜花开得正旺,花香充斥屋子里每个角落。食客们一进门,食欲就被引发了,香甜软糯的番薯粥里还添加了糯米、绿豆、粟米,咸香可口的玉米糊里添加了年糕粒、腌制过的雪里蕻末,还有南瓜粥、土豆粥、绿豆粥……光是各种各样特色农家粥,城里游客就赞不绝口,吃过一碗还想来第二碗。

小蝶还用心创新了各类主食,譬如麦饼。以前小蝶家乡是习惯中秋节吃麦饼的,麦饼做成圆月状,代表团圆,就像别的地方中秋吃月饼。小蝶就把家乡中秋节才做的月饼当成了店里的主打产品。传统麦饼是面粉和水做面皮的,小蝶却用煮熟的土豆、芋艿、番薯等加水和面,做出的麦饼分外卷软可口,还特别有嚼劲。麦饼里卷豆芽、炒榨面,卷成咸麦饼;月亮一样的圆圆麦饼,中间夹上芝麻拌红糖,再一折做成半月形,就做成了糖麦饼。不管是咸麦饼还是糖麦饼,外地游客都特别爱吃,生意特别好。

四

忙碌了一个月后,小蝶算了一下进账,心里不禁乐开了花,除去所有的开支,净赚了一万元。小蝶想,这才是尝试阶段,就能赚那么多,等慢慢经验多了,规模扩大了,岂不是还能赚更多?就这样,每天带着憧憬,小蝶用心经营着自己的"乡村味道"。

由于小蝶做的小吃味道纯正、价格低廉、食材地道,生意越来越红火。村里的民宿不像大城市里的大酒店,食宿统一经营。屏山村的民宿有的只单纯提供住宿,没有场地经营餐饮。所以,小蝶的"乡村味道"就成了这些民宿的餐饮场所,从早餐的小吃,到中餐的便餐、晚餐的大餐,小蝶全部承揽。店面不够了,只能向村民租用。从一开始自家的两间门面,两年下来,扩展到租用3幢村舍的20个包厢。人手不够,雇用了村里的10位阿姨来打工,短短两年时间,小蝶也跟她的家乡屏山村一样,完成了华丽蜕变,从一个打工妹俨然成了给人发工资的小老板。

五

一阵悠扬的笛声随风飘来,把小蝶飘荡的思绪拉回了眼前,小蝶明白那是一位来村里写生的中学美术教师在吹笛子,他住在村里的一处民宿里。每天晚上,他都会在阳台上吹上一会儿笛子,好听的笛声萦绕在乡村月夜上空,更平添了几分诗情画意。

　　小蝶认识这位吹笛人,常光顾小蝶的"乡村味道"用餐。他是上海人,节假日常来村里写生。他说特别喜欢屏山村,不仅自然风光秀丽无比,人文环境更能使人心静,恰似陶渊明笔下的世外桃源。上午用早餐时,他还提议小蝶,是否可以再扩大经营范围,增加民宿,这样他就可以住在小蝶家,吃在小蝶家。如果小蝶同意建民宿了,他还愿意召集一批画友来,为民宿装修出一份力,譬如在墙上、窗边、广告牌设计上留下各自的画作,为小蝶的民宿增加独特的文化元素。另外,这位上海美术老师还提议小蝶民宿取名叫"乡村驿站"。

　　小蝶抱膝坐在月光下,听着笛声,想着吹笛人的话语,心里感觉暖暖的……小蝶也觉得办民宿这主意不错,这两年,靠办餐饮积蓄了一笔辛苦钱,要么再去村民那儿租一幢村舍,打造成民宿,名字就叫"乡村驿站",慢慢打造成自己的品牌,集吃、住、玩、休闲为一体,努力让来住店的游客看得见山,望得见水,记得住乡愁。主意既定,小蝶笑了,朝笛声传来的方向投去满含感激的一瞥,然后信步走回了卧室。

　　(此文在 2018 年绍兴市"文礼杯"征文大赛中荣获一等奖)

荷村小故事

大荷村是全镇最大的行政村,全村共有 505 户人家。据村里的老人讲,大荷村人自古就喜欢种荷花吃鲜藕,就在许多村民已不种水稻、小麦等主要农作物的这些年,村里还保留着 5 口大小形状不等的荷花塘。每年荷开时节,洁白的莲花,碧绿的荷叶,滚动在荷叶上的晶莹水珠及弥漫在荷塘里的乳白色薄雾……村子美得像一幅画,村民们自然也就成了画中人。

一

拥有荷花般容颜的小莲姑娘是大荷村的"村花",芳龄 22 岁,在镇里的一家羊毛衫厂做检验员。9 月里的一天,到了下班到家时间还不见她踪影,父母急得不行,左邻右舍也帮忙四处寻找,始终无果。无奈之下,只能报警,还登了寻人启事……一时间,成了大荷村的头条新闻。小莲妈天天以泪洗面。一个月后,小莲还算有良心,打电话回家报平安了。听说小莲去了山东,跟经常来大荷村卖瓜子、花生、罗汉豆的山东小伙子走的。在山东,小莲和那小伙子已成了名正言顺的小两口。此次打电话回家,一是为报平安,二是为求爸妈成全。如果父母同意,小两口立马回来拜望。小莲爸妈眼看着生米已经煮成熟饭,纵然心里一百个不愿意,也只能勉强答应,只求他们早日回家。

两天后,小莲果然携小山东回娘家省亲了。几天相处下来,小莲妈发现这山东女婿不仅长得高大魁梧,还特别勤快,比本地那些整天游手好闲的同龄人强多了,于是就"丈母娘看女婿,越看越欢喜"了。没多久,小莲爸妈就资助小两口在村口开了一家"小山东炒食店",专卖山东风味的各类炒食。从此,小莲坐在店里卖,老公走村串户地卖,生意竟然越来越红火,乐得小莲妈逢人就夸自己女儿眼睛亮,千里迢迢替她找了个会过日子的好女婿!

二

大山老婆给大山生了个大胖女儿,可大山就是一重男轻女的主,不稀罕女儿,心里只想要个大胖儿子。所以,再一次把希望寄托在老婆的肚子上。一晃三年过去,大山老婆的肚子一点动静也没有,大山急得想撞墙。

地方风俗,家里有人去世后,大荷村一带的人都会张罗着去给死者"关肚仙",所谓"关肚仙"就是以一巫婆作为中间人,让阳间人和阴间人通话,这里的巫婆又称"肚仙婆"。听说,"关肚仙"时,"肚仙婆"通过招魂术把死者的魂召回,托附在自己身上,此时"肚仙婆"就成了死者的代言人,家属有什么话要跟死者说,就直接问,"肚仙婆"会把死者的答复通过她的口告诉死者家属。这一带很流行"关肚仙"这把戏,原因有四:一是怀念牵挂死者,想了解其在另一个世界的生活起居情况;二是好奇心作祟,探究一下去世的人真的是否像传说中的一样依旧通晓阳间事;三是因为习俗,据传,如果不给死者"关肚仙",该死者来世就难重新投胎做人;四是大荷村所在的昌盛县工业发达,经济形势大好,老百姓生活富足,区区几十元的"关肚仙"费是不会放在眼里的。基于上述四个原因,远近几个"肚仙婆"个个赚得钵满盆满,成了靠死人发家致富的"典范"。

　　大山爹去世已有十年,那些天大山妈格外怀念大山爹,于是约了村里2个平时走动较密的姐妹,起个大早,去给大山爹关"肚仙婆"去了。历时半小时的阴阳对话不仅让大山妈缓解了思夫之苦,更是为大山带回了天大的好消息,说是大山爹已下重金买了孙子。言下之意,大山的儿子已经在路上了。无巧不成书,一直月经不正常的大山老婆在镇妇联组织的全镇妇女体格检查中,查出真的怀孕了。大山乐坏了,直感叹还是九泉之下的老爹知儿懂儿,为他解决了最大了困扰。为了表示对地下老爹的感激,立马叫老婆烧了一桌好菜,祭拜老爹,还叫老妈给老爹烧了好多纸钱。

　　大山老婆当然也母以子贵,提前享起了儿子的福,因为大山第一时间就去老婆干活的工厂,为老婆办了离职手续,从此安心在家养胎。在大山心里,什么都是浮云,唯有儿子是最金贵的。

　　快乐的时光总觉过得特别快。大山老婆在家养了十个月的胎,终于到了分娩时间。等在产房外的大山,尽管内心坚信九泉之下的老爸绝对不会骗他的,老婆怀的就是儿子,到了真正揭晓答案的时候,大山还是紧张得不行,怀里像是揣着十五只兔子——七上八下。产房门终于打开了,当护士笑着恭喜他生了个大胖女儿时,大胖怀疑自己因为太紧张,耳朵出了问题。哆嗦着手,亲自揭开真相时,大山傻眼了,精心伺候了十个月的"儿子"怎么变成了女儿?天哪,难道真的被自己的亲爸骗了?愤怒、失望、无奈、虚脱……内心顿时五味杂陈。

　　万分郁闷地过了一个月,孩子满月了。等老婆抱着小女儿叫他起名时,大山心底还窝着股无名火呢,懒得理睬。在老婆的再三催促下,大山只能勉强应付,碰巧看到自家看门狗小黑从脚边走过,就随机给新生女儿起名叫小白。

大山生儿子事件闹出笑话后,"关肚仙"把戏在大荷村一度没了市场,村民也逐渐形成共识:人是不可以相信鬼话的。

春去秋来,时光荏苒,大荷村的小故事是被岁月赋予生命力的,与日同在,绵延不绝,村东的故事刚落下帷幕,村西的故事又粉墨登场,或欢喜,或忧伤,在薄雾笼罩的荷塘里沉淀,在袅袅腾起的炊烟里升华。

(此文获 2016 年绍兴市故事原创大赛三等奖)

"佛梅"的感慨

　　我是一株古蜡梅,因与佛有缘,生长于佛教圣地——新昌大佛寺的大雄宝殿之前。有幸与近在咫尺的江南第一大佛共享香火,一口气活了600多年,至今依旧能抽枝开花,生机不断,被信教僧众奉为"佛梅"。

　　我的确是一株"佛梅",更是一株"福梅"。因为自然风景秀丽、文化底蕴深厚的大佛寺是我的家,宝相庄严、气势非凡的大佛是我的友,更让我感觉欣喜的是我美丽的容颜:春日,绿芽扶疏,亭亭玉立;入夏,满树凝翠,郁郁葱葱;及秋,树叶尽染,灿若晚霞;进冬,迎寒吐芳,芳香四溢。大佛寺来去如流的文人墨客、善男信女的驻足观赏、由衷赞叹让我足足陶醉了600多个春夏秋冬。可最近30年来,来客越来越多了,大香炉里的香火也越来越旺了,按理说,我应该越来越开心了,但感觉出现了心结,今天"佛梅"我很想发表一下感慨了。

　　因为人人夸我长得美,一年四季又有不同颜色的漂亮外衣装扮。所以,几百年来,自我感觉特别好,还养成了个嗜好,就是喜欢与游客们比美。以往来大佛寺的善男信女所着衣服,不论款式、颜色,还是布料的质地,几百年来,大同小异,没多大变化,男的或长袍或短褂,女的或大襟或对襟;颜色总是青色、灰色、深蓝色居多;布料质地不外乎土布、棉布,条件好一点的就是穿点丝绸。但如今,游客们所穿的衣服是一年比一年好了:款式层出不穷,颜色眼花缭乱;质地更是叹为观止。一对比,我的优势就日益消退,自我感觉也越来越差了,几年前的某个冬日发生的一件"比美"事件,更是让我暗自神伤了好久,故至今还记忆犹新。

百花凋零的冬季,却是我最美丽的季节,历史上也留下了许多称颂我的经典诗词。记得一个阴冷的冬日,来了一群朝气蓬勃的年轻姑娘,她们一个个打扮得花枝招展:头戴别致的五彩线帽,身穿缤纷的各色羽绒衫或呢大衣,再配上新颖的短裙和长筒皮靴,在我身边不断地拍照留念。跟她们一比,我自己也觉得相形见绌了。正在那时,一个正在翻看相机镜头的姑娘说:"大家快过来看,我们穿的衣服比古蜡梅好看多了!"听后,几百年来少有的失落感,顿时从树根传向树梢。看样子,外面的世界变得越来越富了,人们的生活水平也越来越高了,穿的衣服直逼天上的神仙,我的外貌优越感将要逐渐消失了,唯一可让我炫耀的是我600多岁的树龄了。

不过值得欣慰的是,我比以前见多识广了。以前来朝拜大佛的大多是讲着新昌方言的新昌本地人,可如今,几乎每天都有成群来自全国各地的游客光顾,久而久之,我也听惯了普通话,从许多外地游客的言谈中,我还长了不少外地见闻呢。更值得一提的是,有时还有跟中国人不同肤色的外国人造访,他们经常竖起大拇指,连连夸奖大雄宝殿内的弥勒大佛"OK""OK",当然,当导游翻译到我的树龄和容貌时,也对我称赞有加,还经常亲昵地用手来摸我的树干,让我怪不好意思的。对了,我想起一件重要的事情了,去年冬天,首批来自中国宝岛台湾的游客也来看我们了,他们对大佛寺的优美自然风景及深厚的文化底蕴赞不绝口,声称以后还要来,并且还要推荐亲朋好友来。

见闻多了,经历也丰富了,我虽然是一株古蜡梅,可如今却

273

常跟现代高科技打交道,我的倩影不仅随着游客们的相机走遍五湖四海,还好几次揩大佛的油,上了电影、电视镜头呢!给大家透露个秘密,本"佛梅"还有不少忠实的"粉丝"呢!

感慨了半天,想想我"佛梅"真的是株"福梅"。说句心里话,虽然至今已活了 600 多岁,但我真的还想再活 1000 年!

（此文获 2009 年新昌县"科学发展与新昌"主题征文三等奖）

追寻新昌大佛寺内的名人足迹

我觉得做新昌人最大的好处,是空闲时常可以去大佛寺走走,瞻仰瞻仰佛容,倾听倾听梵音,宁静淡泊的心境就唾手可得了,我就是一位喜欢常去大佛寺走走的新昌人。

拥有 1600 多年历史的新昌大佛寺,位于新昌城南不到一公里的山谷中,其间群山环抱,松竹叠翠,楼台寺庙,错落有致,因其大雄宝殿内供有江南第一大佛,故名为"大佛寺"。

大佛寺自然景色优美,文化积淀深厚。梵音禅说更为这一方胜地增添了神秘和玄妙。乾隆皇帝的上对,"人过大佛寺,寺佛大过人"和纪晓岚下对的"客上天然居,居然天上客",巧妙地道明了大佛寺的神韵。

大佛寺大雄宝内结跏趺坐的弥勒大佛是江南最古老、最高大的室内坐像,号称江南第一大佛,佛像高 13.2 米,佛座高 2.4 米,加在一起共 15.6 米。古代高僧为避免人们从下往上所产生的视觉差异,创新了造像理念,故意放大佛首至 5 米,耳朵长 3 米,使大佛看上去更加庄严俊逸,体态优美。

据说,大佛寺是东晋永和元年(345)高僧昙光草创的。建寺初,并不叫大佛寺,而叫隐岳寺。由于昙光的影响,隐岳寺一直香火旺盛,高僧云集。其中,最负盛名、最有建树的,是僧护、僧淑和僧佑。他们的共同业绩,就是创造了这尊江南第一大佛,史称"三生圣迹"。

相传齐永明四年(486)，僧护主持隐岳寺。有一天清晨，僧护正在佛寺参禅，忽闻东北仙髻岩下，有缥缈仙乐传出，急出观望，但见石罅间现一大佛，酷似执掌未来佛界的弥勒佛。于是，僧护立下宏愿，要在仙髻下，建造百尺大佛。

不久，大佛开凿。无奈，山石坚硬，财力不济，终其一生，仅仅凿成大佛的面幞。临终，僧护喟叹曰："来生当再登石城，再造大佛。"此事感动了僧淑。僧淑于齐永明末，来到石城，继续锲而不舍地开岩造像，还是毕其一生，未成大业。临终，他也立下誓言，来生再登石城，再造大佛。这回，把一位皇帝给感动了。梁天监十二年(513)，建安王肃伟，派遣定林寺僧佑，敕其专职建造大佛。

僧佑，既善于观察，又善于创新。他来到石城后，并不忙于马上开岩凿壁，而是先行实地踏勘，分析僧护、僧淑的成败得失，发现僧护和僧淑都是孤军奋战。如没有足够的人力和财力保障，终究难成大业。于是，恳请建安王，核拨专款，招募300多名能工巧匠，合力开岩造像。

梁天监十五年(516)，大佛终于雕凿完毕。在中国文学史和文学批评史上拥有特殊地位的刘勰盛赞大佛，乃"不世之宝，无等之业，旷代之鸿作"。

大佛问世1600年，大佛寺里处处留下文人墨客们的笔迹，为千年古刹平添了几分神韵。就大雄宝殿的各层匾额上的题词，都是名家所书。第二层有"宝相庄严"横匾，系赵朴初所书；第三层有"三生圣迹"横匾，为清末大儒俞樾所书；第四层的"弥勒洞天"横匾，系僧莲根所书；第五层的"逍遥楼"直匾，是唐代著名书法家颜真卿所书。

从大雄宝殿出发，往外走几步，就到了一处摩崖石刻，上有米芾题的"面壁"二字,听说这不是让僧侣游人于此思前想后,面壁沉思,而是让弥勒大佛面壁悔错,因为别处的弥勒佛皆不上大雄宝殿的,而他却在这里安然上座,抢了释迦牟尼的风头,所以大佛寺的大雄宝殿也因此比地面矮了几尺。继续沿石板甬道往前走,快到放生池时,就会看到一个"古国师亭"牌坊,是书坛名士沈定庵题写的。而"国师"就是"智者大师"。他曾被陈(宣帝)、隋(文帝)两朝奉为国师。"古国师亭"就是对智者大师的纪念。绕到"古国师亭"牌坊的背面,也题了四个字"石城古刹",是沙孟海先生手书。左右有楹联:"晋宋开山天台门户,齐梁造像越国敦煌。"则为苏局仙老先生所书。

大佛寺内外,到处可见 500 年、800 年或者上千年树龄的古树名木。据统计,百年以上的古树,少说也有 100 棵,而蜡梅、银杏和枫树,是寺内众多名木古树中的"三俊"。

走进弥勒内院,两棵 600 多岁的古蜡梅,分处五重殿阁的两侧。因为常年与大佛共享香火,被奉为"佛梅"。殿阁两侧的峭壁上,有一石窟,叫"朱亭",传说宋代理学家朱熹曾在此讲学著书。洞前,有朱熹手植蜡梅一棵,人称"朱梅","朱梅"的寿龄可与"佛梅"相伯仲,至今仍能抽枝开花,且枝茂叶茂。

寺内还有一棵宋代银杏,800 多岁了,依然生机勃发,春夏,满树绿叶;秋冬,一树金黄,古银杏上,神奇地寄生了女贞、榆树、桂花和香樟四种树木,竟是五树同根连理。

二月的榆钱,五月的香樟,八月的桂花,十月的江枫,十二月的蜡梅……无论春夏秋冬,寺内总不寂寞,总不枯败,实乃古刹一绝。

大佛寺是新昌人的福祉,是江南第一大佛,让新昌成为佛教圣地,更赢得了历朝历代的名人雅士纷至沓来。"新昌名迹寺,登览景偏幽。"这是李白歌咏大佛寺的诗句。"石壁开金像,香山倚铁围。"这是孟浩然对大佛弥勒像的赞誉。著名诗人们的钟情,更使大佛寺的美丽和神圣经久不衰,生生不息。

（刊登于《绍兴文化》2009 年第 2 期）

想念坞坑

每逢风清气爽的休息日,总想着去坞坑走走。

坞坑不是一条坑,而是个幽静的小村子,躲在新昌和宁海两县的交界处,环村皆是高高的竹山,满山的竹子终年青翠,翠色逼人眼目,一株需三个人才能抱得过来的银杏已在村子的最东头站了400多年,依然生机勃发。春夏,满木苍翠;秋冬,一树金黄。一道清亮亮的水沿着村东的高山,缓缓流下,快到山脚处,骤然转急,形成一挂天然瀑布。瀑布冲成了一个近圆的水潭,潭底为大片石头天然砌成,潭水清澈透明,水中游鱼来去皆可以计数。水潭西面一个天然缺口,潭水就越过缺口,朝村子西边淙淙流去,流向村外的世界。

坞坑村民喜欢把房子建在村里这唯一的一条溪边,于是水边就比屋连墙,绿树成荫。像我们这种在嘈杂地方住久了的人,能逮着个机会去坞坑村里走走,那真是一桩赏心悦目的事情!

坞坑村民爱美,他们喜欢把坞坑村打扮得漂漂亮亮的,房前屋后、田野里、小溪边、山坡上……凡是能腾出的地儿,都被村民种上了各色树木花草。走在坞坑村里,就会发现村里的花儿开得特别猛,竹子、树木格外得绿,绿得似乎朝外透着一股狠劲。春天开的桃花、杏花、梨花、油菜花,夏日里的荷花、葵花、石榴花、鸡冠花,秋天开的桂花、菊花,冬日里的梅花等都在各自的季节里开得如火如荼,不遗余力,花型好像比别处更大,颜色好像比别处更艳,红得像火、粉得似霞、白得像雪、黄得似金,掩映在茂盛的丛绿中,把坞坑村装扮得花团锦簇,像个花姑娘似的,引来了成群成群的蜜蜂和蝴蝶,它们整天绕着村子飞来飞去,还发出嗡嗡的声音,和山里的清风流水应和着,奏成了一曲自然交响曲。

坞坑村民很淳朴,也爱干净。走在村里,满眼都是清清爽爽的:整洁的村间小路,每户人家的房前屋后被打扫得干干净净。烧木柴煮饭的人家把柴劈好后,整齐划一地码在屋檐下。喜欢吃辣的人家,摘了自家地里种的红辣椒后,用线串起来,一串串地挂在厨房门边的钉子上,等着做菜时用,也备着供邻居们急用。村妇们喜欢在溪水里洗衣洗菜,看到有陌生的面孔从溪边走过,她们会主动地打招呼,问你从哪里来,是村里哪户人家的客人。如问到来客不知去路时,她们会随时丢了手中的活,很兴奋地为你带路,直到把你带到要去的地方为止,不厌其烦。村里的男人们常在山上或地头劳作,或挖笋,或种菜,或栽树秧,或摘水果,如看到同村人陪着他们的客人路过他们的地边,他们一定会"命令"客人们停下,尝尝他们自己种的瓜果,当客人们夸奖他的瓜果香甜时,他的眼立刻会笑成一条线,乐呵呵地命你再多带点回去给家人也尝尝,从不吝啬。

坞坑村民很团结,整个村子像户大家庭。村里某户人家偶尔杀了头猪,女主人一定会在第一时间把猪血接到盆里,然后煮熟,再挨家挨户地送过去;某户人家做了什么好吃的或是果园里摘了什么时鲜水果,也会急忙送去给同村人尝鲜;村里某家的孩子争气,考上了大学,大家就会奔走相告,人人都像自家的孩子金榜题名一般,全然不知"嫉妒"两字为何意,绝对的有福同享。当然,这村人也绝对的有难同当,如前些年有户人家不幸遭遇了

280

火灾,全村人就不约而同地行动起来了:有钱的人家送钱,缺钱的人家捐物,钱物都缺的,就用劳力帮衬,自始至终相帮到安然脱险。

坞坑人也很善良,对周围的人和事都喜欢往好处想。村东头那棵 400 多年银杏树是坞坑村的"守护神"。村里的老人说,日本鬼子进新昌时,不知为什么,周边的村子都进去了,就是找不到坞坑村,使坞坑村免遭了一劫,大家都说是老银杏树蒙住了日本鬼子的眼睛,保护了全村人。顽皮的孩子老是喜欢往银杏树上爬,无论爬得多高,不小心摔下来时,从来都没一个孩子受过一点儿的伤。银杏树每年还结很多银杏,银杏药用价值高,大家都爱吃,村里人每年都自发会给村里的老年人先留一份,然后再允许年轻人去采摘或捡取。

坞坑村虽地处偏远,但令人向往,好久没去,更让人想念。想念那里的山,想念那里的水,想念那里的花,也想念那里的草,想念充盈在村里的清新空气,还想念忙碌在山间地头的和善笑脸……哪天有空了,一定再去坞坑走走!

(刊登于《青藤》2011 第 4 期)